Die Oper als soziale Tatsache

Erfahrungen mit einem
interdisziplinären Unterrichtsprojekt
in der Sekundarstufe I

von Christine Albert
und Eva-Maria Lagerstein
herausgegeben
von Wulf Dieter Lugert

J.B. Metzlersche Verlagsbuchhandlung
Stuttgart

Alle Fotos und Reproduktionen innerhalb der Unterrichtseinheit: Christine Albert;
4 grafische Darstellungen (S. 88, 91, 94): Eva-Maria Lagerstein.

CIP-Kurztitelaufnahme der Deutschen Bibliothek

Albert, Christine:
Die Oper als soziale Tatsache : Erfahrungen mit e. interdisziplinären Unterrichtsprojekt in d. Sekundarstufe I /
von Christine Albert u. Eva-Maria Lagerstein. Hrsg. von Wulf Dieter Lugert. –
Stuttgart : Metzler, 1981.
ISBN 3-476-30182-6

NE: Lagerstein, Eva-Maria:; Lugert, Wulf Dieter [Hrsg.]

Umschlaggestaltung: Kurt Heger
Satz: Remsdruckerei Sigg, Härtel & Co, Schwäbisch Gmünd
Druck: Philipp Reclam jun., Ditzingen
Printed in Germany

Inhalt

Vorwort

Das Unterrichtsprojekt »Die Oper als soziale Tatsache« war das Ergebnis einer praxisbezogenen Lehrveranstaltung, die ich als Lehrbeauftragter im Wintersemester 1976/77 an der Pädagogischen Hochschule Berlin im Fach Bildende Kunst durchgeführt habe. Da ich zudem zum damaligen Zeitpunkt Lehrer an einer Realschule im Norden Berlins war, bot sich die Möglichkeit, ein Projekt für den »deutschkundlich-musischen« Kurs (Kurs D) zu planen, durchzuführen und auszuwerten. Dieser Kurs ist interdisziplinär angelegt und soll Elemente der Fächer Deutsch, Musik, Bildende Kunst, Werken und Textiles Gestalten enthalten. Die Möglichkeiten, die dieser Kurs – mit vier Wochenstunden – bietet, sind vielfältig und zeigen auf, was auch unter anderen Bedingungen innerhalb eines projektorientierten Unterrichts durch eine Zusammenarbeit dieser Fächer geleistet werden kann. Der gesamte Bereich des Ästhetischen kann hier von mehreren Seiten beleuchtet werden, doch sollte über die genannten Fächer hinaus auf eine Einbeziehung sozialer, politischer und ökonomischer Gesichtspunkte auf keinen Fall verzichtet werden, wenn man dem Gegenstand wirklich gerecht werden will.
Bei der Auswahl der Thematik ging es von vornherein darum, innerhalb eines handlungsorientierten Projekts soziale Erfahrungen zu ermöglichen. Im Gegensatz zu didaktischen Konzepten, die sich an der *unmittelbaren* Erfahrung der Schüler orientieren, sollte ein Unterrichtsgegenstand gewählt werden, der zwar im Bewußtsein der Schüler verankert ist, mit dem sie aber selbst noch keine Erfahrungen machen konnten.
Als ein Unterrichtsprojekt über die Oper vorgeschlagen wurde, stellte sich heraus, daß – ähnlich, wie es für die Schüler zu vermuten war – die Einschätzung der Oper durch die Seminarteilnehmer wesentlich aus Stereotypen bestand. Keiner war so recht in der Lage, die Oper als Kunstgattung einzuschätzen und auf Sachkenntnis basierend über die Legitimität der immensen Subventionen zu urteilen.
Dieser Sachverhalt war – auch aus hochschuldidaktischen Erwägungen heraus – mitentscheidend, dieses Projekt zu entwickeln. Er ist u. a. auch ein Grund dafür, daß sich das Projekt überwiegend mit den Phänomenen beschäftigt, die dem »Kunstgenuß« letztlich vorgeschaltet sind. Wie zu sehen sein wird, rechtfertigt sich dies aber vor allem aus den didaktischen Erfordernissen Schülern gegenüber, deren Sozialisation und objektive Lebensbedingungen einen Bezug zur bürgerlichen Hochkultur nicht entstehen lassen konnten. Es bestand also zunächst einmal die Notwendigkeit, sich mit dem Genre Oper eingehend theoretisch auseinanderzusetzen, bevor mit der Umsetzung in didaktische Überlegungen begonnen werden konnte. Diese theoretische Auseinandersetzung erfolgte unter historischen, soziologischen und ästhetischen Gesichtspunkten. Sie bildet auch deshalb den Beginn der vorliegenden Arbeit, weil Didaktik ohne

genaue Analyse ihres jeweiligen Gegenstandes ebensowenig denkbar ist wie ohne die Analyse ihrer Zielgruppe (vgl. hierzu S. 42 ff).
Die hier gewählte Form der Darstellung eines Unterrichtsvorhabens soll insofern exemplarisch sein, als sie die Methoden offenlegt, die u. E. Voraussetzung sinnvollen und dem Gegenstand angemessenen Unterrichts sein müssen.

Wulf Dieter Lugert

1. Die Oper als Unterrichtsgegenstand

Aus den vorliegenden Untersuchungen zum musikalischen Verhalten Jugendlicher läßt sich entnehmen, daß kaum ein künstlerisches Genre für die Schüler so negativ besetzt ist wie die Oper.[1]
Die Ablehnung der Oper basiert in der Regel jedoch nicht auf ihrer Kenntnis bzw. auf unmittelbaren Erfahrungen, die mit ihr gemacht wurden, sondern ähnlich wie bei anderen Genres auf Vorurteilen. Wie bei den Formen der Ablehnung »Klassischer Musik«, so bezieht auch die Oper ihre Ablehnung zunächst und überwiegend aus Vorurteilen außerästhetischer Art, aus sozialen Vorurteilen. Nun sind Vorurteile sozialer Art nicht schlichtweg zu denunzieren, handelt es sich bei ihnen doch häufig um tradierte Formen von Urteilen, die in ihrer Genese ein Produkt der Erfahrung sein können. So haben die Vorurteile über die Oper auf jeden Fall eine rationale Basis, ist sie doch bis heute das kulturelle Attribut einer gehobenen Sozialschicht, die bevölkerungsstatistisch eher irrelevant erscheinen würde, besäße sie nicht einen Großteil der politischen und ökonomischen Macht. In der Hörwirklichkeit und ästhetischen Praxis der Masse der Bevölkerung nimmt die Oper keinerlei Raum ein, in der kulturellen Präsentation und Repräsentation des Bürgertums steht sie dagegen an führender Stelle.
Welche Konsequenzen ergeben sich aus diesem Widerspruch für eine mit ästhetischen Objekten befaßte Pädagogik und Didaktik?
»Weder geht es an, musikalische Qualität zum alleinigen Maßstab didaktischer Relevanz zu machen, noch kann eine quantitative Rezeptionsanalyse alleinige Richtschnur für die Auswahl des Unterrichtsstoffes sein.«[2]
Gesellschaftliche Aufgabe des Unterrichts ist in diesem Falle die Durchdringung und Erklärung ästhetischer Realität im weitesten Sinne.[3] Ästhetische Wirklichkeit ist immer auch soziale Wirklichkeit, was bei der Oper noch deutlicher erscheint als bei anderen, unauffälligeren Genres. Bei der gegenwärtigen Aufführungspraxis historischer Opern pervertieren sich die Verhältnisse weitgehend dahin, daß die soziale Funktion die ästhetische übertrifft.
Wichtige Bereich der sozialen Realität der Oper:

- Aus allgemeinen Steuermitteln werden vom Staat jährlich extrem große Geldsummen (derzeit ca. 600 Millionen Mark) zur Erhaltung der Opernhäuser in Form von Subventionen bereitgestellt. Davon werden u. a. Stargagen von bis zu 20 000 Mark pro Abend bezahlt.
- Immer schon bestand ein eindeutiger Zusammenhang zwischen Oper und Politik. Dies gilt einerseits für den oftmals politischen Inhalt der Libretti, andererseits für die Staatsrepräsentation bei Galaaufführungen anläßlich von Staatsbesuchen.
  Opernhäuser sind deshalb meist Renommierbauten größerer Städte, sie galten (und gelten?) als Indiz für den Reichtum des jeweiligen Bürgertums.
- Premieren und Opfernfestspiele sind ein wesentlicher Teil bürgerlicher Öffentlichkeit, entsprechende Aufmerksamkeit finden sie in den Medien.

- Zunehmend werden Opern im Fernsehen gezeigt, z. T. sogar für Fernsehen oder Film inszeniert.
- Immer noch wird aufgrund der Repräsentationsfunktion vom Opernpublikum besonderer Kleidungsaufwand erwartet.

Die u. a. aus diesen Punkten resultierende andere Seite der Opernrealität ist der Platz, den die Oper im Bewußtsein der Masse der Bevölkerung einnimmt. Versuche, die Oper als isoliertes »Kunstwerk« – was sie nie war – zum Unterrichtsgegenstand zu machen, übersehen ihre zentrale sozial-psychologische Bedeutung sowohl stabilisierender Art für das Opernpublikum als auch unterdrückender Art für die Mehrheit der Bevölkerung: »Wer in die Oper geht, der ist schon was!« So denken *beide* Seiten. Der repressive Charakter kultureller Attribute herrschender Klassen oder Schichten – unabhängig von deren künstlerischer Qualität – ist bekannt, hat aber in der Pädagogik bislang kaum zu Reflexionen oder gar Konsequenzen geführt. Dies darf auch nicht weiter verwundern, rekrutiert sie ihre Vertreter doch mehrheitlich selbst aus diesen Schichten. Ästhetische Erziehung herkömmlicher und immer noch vorhandener Art konnte und kann deshalb Oper immer nur innerhalb einer Heranführung an die »höhere« Kultur als abgelöstes »Kunstwerk« behandeln. Sie riß damit mehr Gräben auf, als sie zuschüttete.

Ein Unterricht, der die Oper als ästhetisches Objekt thematisieren will – mit all den damit verbundenen ästhetischen Problemen[4] – kann erst stattfinden, wenn der das Schülerverhalten bestimmende Sozialcharakter der Oper dechiffriert ist. Dieser Sachverhalt muß deshalb zentraler Punkt einer Einführung in das Genre Oper sein. Dabei kann dieser Unterricht nicht umhin, die objektiv bestehende Kluft zwischen den sozialen Klassen zuzugeben und dies nicht nur, weil sie am Unterrichtsgegenstand Oper so deutlich zutage tritt.

2. Oper in Vergangenheit und Gegenwart

2.1 Sozialgeschichte der Oper

Am Ende des 16. Jahrhunderts – 1597 – entstand in Florenz das »Dramma per musica«. Diese neu entstandene Kunstgattung war der Versuch einer Gruppe von adligen bzw. gelehrten und gebildeten Männern, die hohe Kunstblüte des klassischen Griechenlands neu zu entdecken und zu beleben. Das »Dramma per musica« wurde von ihnen rein theoretisch konstruiert.

Zuvor gab es bereits um die Mitte des 16. Jahrhunderts Schäferspiele (Pastorales), die als allegorisierende (sinnbildlich ausgedrückte) Darstellungen antiker Themen bei höfischen Festen und fürstlichen Vermählungen sich großer Beliebtheit erfreuten.

Diese Pastorales waren im eigentlichen Sinne jedoch keine Opern, sondern man sollte sie eher als deren Vorläufer betrachten. Das Wesentliche der Oper – der begleitete Einzelgesang – kam hier noch nicht vor. Die Pastorales waren im Madrigalienstil (mehrstimmig gesetzte Vertonungen dichterischer Texte, die mit oder ohne instrumentale Begleitung abliefen) gesetzt.

Die Rede und Gegenrede wurde bei den Pastorales jeweils von einem hinter der Bühne aufgestellten Chor abgesungen. Beim »Dramma per musica« hingegen herrschte die Monodie (begleiteter Einzelgesang) vor. Es war schon damals erkannt worden, daß es sich hervorragend für Repräsentationszwecke eignete, wofür an den italienischen Fürstenhöfen ein großer Bedarf vorhanden war.

Diese neue Kunstform war außerdem gut geeignet, Gefühlen, Stimmungen und Handlungen in Ergänzung zur Sprache besonderen Ausdruck zu verleihen.

Erst sehr viel später wurde festgestellt, daß die »Konstrukteure« des »Dramma per musica« sich geirrt hatten. In der Antike wurden nämlich nur die Solovorträge und die Chorlieder gesungen, nicht jedoch die Dialoge. Statt der Wiederentdeckung des antiken Dramas war die Oper erfunden worden.

Als der erste bedeutende Opernkomponist gilt *Monteverdi*, der sein bekanntestes Werk, »Orfeo«, 1607 komponierte.

In Italien bildeten sich bald viele Opernsängergruppen, die von Fürsten oder Städten zu Aufführungen eingeladen wurden.

Kardinal *Mazarin*, der Vormund und Minister *Ludwig XIV.*, holte 1645 eine italienische Operntruppe an den Pariser Hof. Die repräsentative Kunstform der Oper entsprach in einem sehr hohen Maße den absolutistischen Interessen des französischen Königs.

Bald darauf wurde in Paris eine Akademie mit königlichen Privilegien gegründet. Ihr Leiter wurde *J.-Baptiste Lully*, der seither auch als Schöpfer der französischen Nationaloper gilt. Diese wurde durch ein spezielles Pathos begründet, das zum Teil auch von der französischen Sprache geprägt war. Innerhalb weniger Jahrzehnte verbreitete sich die Oper fast über ganz Europa.

Teilweise gehen Gründungen von Opernbühnen auch schon im 17. Jahrhundert auf die Initiative reicher Bürger zurück, wie z. B. Venedig (1637) und Hamburg (1677), wo schon in dieser Zeit öffentliche Operntheater entstanden. Die Opernbühnen an den Höfen der Feudalfürsten und -könige waren nämlich nur einem bestimmten Personenkreis zugänglich.

In der Epoche der Aufklärung, in der in Deutschland die Stadt Hamburg eine bedeutende Rolle spielte und wesentliche Impulse von dort ausgingen, war es ein Ziel des fortschrittlichen Bürgertums, die Musik als Kunstform für sich zu erobern. Das gilt nun ganz besonders für die Oper, die zu dieser Zeit noch als Wiederentdeckung des antiken Theaters betrachtet wurde. Mit der Anknüpfung an einen an der antiken Demokratie orientierten Freiheitsbegriff, der sich gegen die absolutistische Fürstenherrschaft und auch gegen den vorherrschenden Kunststil des höfischen Barock richtete, war auch eine Umorientierung auf subjektivere Normen im Denken der Menschen verbunden. Diesen Wandel, der sich hierbei vollzog, bezeichnet *Arnold Hauser* als einen Stilwandel, »der sich wohl am deutlichsten an der Musik, die jetzt zum erstenmal zu einer historisch repräsentativen und führenden Kunst wird«, ausdrückt.[5]

Während zuvor jede Musik »Gebrauchsmusik« war, die von den Komponisten, die als Hof-, Kirchen- oder Ratsmusiker beschäftigt waren, im Auftrag ihrer Brotherren meist für einen bestimmten Zweck komponiert wurde, begannen die Musiker nun für ihr bürgerliches Publikum auch ohne Auftrag zu komponieren. Die »Auftragswerke« für die Feudalfürsten waren für einen bestimmten Zweck und Anlaß – z. B. für ein bestimmtes höfisches Fest oder eine Kirchenmesse – hergestellt worden. Die Musiker gingen an die Kompositionen eher handwerksmäßig nach einem bestimmten Schema heran.

In der Zeit nach 1750 – als Vergleich: etwa die Generation *Mozarts* – begannen Musiker sich aus ihrer Abhängigkeit von weltlichen oder kirchlichen Fürstenhäusern zu lösen und für den freien Markt zu komponieren. *Mozart* selbst, der zeitweise – anders als sein Vater – ein Leben als freier Künstler der Abhängigkeit vom Salzburger Erzbischof vorzog, ist ein Beispiel dafür.

Für den freien Markt wurden die Musikwerke von den Künstlern jetzt anspruchsvoller komponiert. Bei ihnen entstand z. T. schon das Bedürfnis, etwas Einmaliges, Einzigartiges oder Unverwechselbares zu schaffen.

Das Publikum, das sich für diese Kunst interessierte, war ohnehin vorhanden. *Hauser* meint, daß »das Bürgertum zum Hauptinteressenten für Musik wird und die Musik zur Lieblingskunst des Bürgertums, das sein Gemütsleben in keiner anderen Form so unmittelbar zum Ausdruck bringen kann wie in dieser«.[6]

Während die Oper an den Höfen der absolutistischen Herrscher in dieser Zeit vor allem eine repräsentative Funktion hatte, mit der eher tragische, dramatische, ernste Handlungen dargestellt wurden (Opera seria), entwickelte sich im 18. Jahrhundert von Italien ausgehend die Opera buffa (die komische, volkstümliche Variante der Oper). Begünstigt wurde diese Tatsache wohl auch dadurch, daß es zunehmend in den großen Städten öffentliche Musiktheater gab und die dort gespielten Stücke den Interessen und Bedürfnissen des Publikums entgegen kamen.

Die Themen und die Handlungen der Opera buffa waren z. T. dem Alltagsleben der Bevölkerung entnommen, z. T. waren es auch Parodien auf die Opera seria oder vertonte Stegreifkomödien. Bei der Opera buffa waren Musik und Handlung stärker aufeinander bezogen als bei der Opera seria. Im Laufe des 18. Jahrhunderts setzte sich diese Opernform überall in Europa durch, in Frankreich entwickelte sich daraus eine spezielle Form, die Opera comique.
Die Ideen der Aufklärung sind von Opernkomponisten, wie z. B. von *Mozart*, in ihren Werken verarbeitet worden. *Mozarts* humanistische Überzeugung kommt zum Ausdruck, wenn er das »Gute«, was mit gesellschaftlichem Fortschritt gleichzusetzen ist, über die Mächte des Bösen (Feudalismus-Absolutismus) siegen läßt. Bei ihm werden die für Unrecht Verantwortlichen (die Herrscher) durch das Gute zur Einsicht bekehrt. Dieses Motiv findet sich in der »Entführung aus dem Serail«. In der »Zauberflöte« wird die Reaktion, die die Wissenschaft und die Kunst unterdrückt, vom (gesellschaftlichen) Fortschritt, der in den Freimaurerideen zum Ausdruck kommt, besiegt.
Ebenso wie das Ideengut der Aufklärung fanden auch die Ideen der Romantik ihren Niederschlag auf dem Gebiet der Oper. Deutsche Opern, die von diesem Ideengut geprägt sind, sind z. B. »Undine« von *E.T.A. Hoffmann* und »Faust« von *Spohr*. Später vor allem auch der »Freischütz« von *Carl Maria von Weber*. Mit der Romantik als »Hinwendung zur Natur als Sinnbild und Möglichkeit der Harmonie ist mit der indirekten Kritik an einer Gesellschaft, die dem Menschen diese Einheit und Harmonie mit seiner Umwelt vorenthält, noch ein sozialer Aspekt erhalten geblieben. In der romantischen Naturauffassung mit ihrer starken Betonung harmonischer Einheit und der Liebe als kosmischer Grundkraft spiegelt sich auch die Sehnsucht nach einem befreiten Menschentum, das mit den Gesetzen der Natur in Einklang steht«.[7]
Diese Tendenz, die z. B. in den vorgenannten Werken enthalten ist, ist aus den damaligen politischen und gesellschaftlichen Verhältnissen in Deutschland nach den napoleonischen Kriegen zu erklären und bedeutet gleichzeitig eine Hinwendung zum Irrationalen.
Zur Zeit *Napoleon I.* wurden in Frankreich in Opern die Siegeszüge der Franzosen mit viel Pomp dargestellt. Ein Thema dieser Opern war z. B. der Feldzug nach Ägypten. Napoleon beauftragte namhafte Architekten und Künstler, die entsprechend gigantischen Bühnenbilder zu erstellen.
Die Zeit der sogenannten »großen Oper« begann in Frankreich zur Zeit der Julimonarchie, des Bürgerkönigtums nach 1830. Zu dieser Zeit war die politische Staatsform in Frankreich zwar eine Monarchie, die ökonomischen Verhältnisse waren jedoch seit der Revolution (1789) kapitalistische.
Seit 1830 war eine Fraktion der Bourgeoisie, die Finanzbourgeoisie, an der Ausübung der politischen Macht beteiligt. Dieser Sachverhalt enthüllt die Bedeutung des Ausspruchs des Königs *Louis-Philippe* »von nun an regieren die Bankiers«.
Die Sucht nach Kolossalem in dieser Zeit läßt auf einen Mangel an Format und tatsächlichem historischen Bewußtsein des französischen Bürgertums schlie-

ßen. Vermutlich deshalb wurde zu dieser Zeit der Lebensstil der französischen Aristokratie aus der Zeit des Absolutismus von ihnen nachgeahmt, der bezogen auf die Kunst zur Entwicklung eines Kunststils führte, den man als Pseudobarock bezeichnen kann.

Die Opern dieser Epoche, die Wesenszüge des Barocktheaters enthalten, die vor allem den festlichen Charakter der Darbietung hervorheben, zeichneten sich durch grandiose Dekorationen und Kostümierungen aus. Tänze, Aufzüge und pathetische Musik spiegelten diese Geisteshaltung wider.

Speziell die Opern von *Meyerbeer*, einem Musiker aus Preußen, der an der Pariser Oper großen Erfolg hatte, entsprachen dem Geschmack des Pariser Publikums.

Er verstand es, mit technischen Mitteln neuartige Bild- und Toneffekte zu erzeugen. Riesenorchester und gigantische Chöre imponierten dem Publikum und überwältigten es. »Der von Meyerbeer verwirklichte Typus vereinigte alle Attraktionen der Bühne und schuf ein heterogenes Gemisch von Musik, Gesang und Tanz, das ebensowohl gesehen als auch gehört werden wollte und in dem sämtliche Elemente nur den Zweck hatten, den Zuschauer zu verblenden und zu verblüffen«.[8] *Meyerbeers* Musik war eher für ein Publikum bestimmt, das zur Musik keine innere Beziehung hatte.

Während des 2. Kaiserreiches *(Napoleon III.)* entstand in Frankreich die Operette. Der Hauptvertreter dieses Genres war *Jacques Offenbach*, ebenfalls wie *Meyerbeer* ein Deutscher. Seine Operetten waren Gesellschaftssatiren, in denen der Pariser Geschmack der damaligen Zeit dargestellt wurde. Verspottet wurden darin meist auf eine respektlose Art das autoritäre Regime, der Hof, das Heer, die Bürokratie, jedoch auch die klassischen Tragödien der Antike.

Das Publikum bestand aus den Nutznießern dieses Diktatur-Regimes, das aus einer konterrevolutionären, (klein)bürgerlichen Bewegung entstanden war, in der Korruption und Ungerechtigkeiten an der Tagesordnung waren.

Die Blütezeit der Operette war die Zeit der Pariser Weltausstellungen zwischen 1855 und 1867. Fürsten, Staatsoberhäupter, Könige und Kaiser eilten anläßlich ihrer Besuche der französischen Hauptstadt meist sehr schnell in die Musiktheater oder in die Oper.

Die Tradition der »großen Oper« wurde von *Wagner* später abgewandelt und sogar noch vervollkommnet. Er orientierte sich an der Pariser großen Oper, deren Möglichkeiten der Prunkentfaltung ihn in jeder Hinsicht mächtig beeindruckt haben mußten.

Wagner hatte die schon früher von anderen formulierten Vorstellungen vom »Gesamtkunstwerk« aufgegriffen. Die Idee des »Gesamtkunstwerkes« entsprang dem Wunsch, den sog. »Verfall der Kunst«, der nach Meinung von Zeitgenossen seit dem Untergang der antiken Kunst durch eine Trennung in Einzelkünste eingetreten sei, wieder aufzuheben.

Nach *Wagners* Vorstellungen war eine Wiedervereinigung der Künste nur in der – seiner Meinung nach – einzig dazu geeigneten Kunstform, dem Musikdrama, möglich.

Drama, Musik, Tanzkunst und die Malerei (Landschafts- und Architekturmalerei) wollte er in seinen Werken zu diesem »Gesamtkunstwerk« vereinigen. Die griechische Mythologie und die germanischen Göttersagen dienten ihm als Quelle für seine Werke.
Wagners germanische Götterwelt ist mit der Melancholie, einer raffiniert verfeinerten »Seelenhaftigkeit« ausgestattet, die schon Zeitgenossen Wagners nicht als heroisch, sondern eher als dekadent empfanden.
Wagner, der in der Revolution von 1848 neben *Semper* in Dresden auf der Seite der Revolutionäre stand und deshalb anschließend Deutschland verlassen mußte, hatte später einen geistigen und politischen Wandlungsprozeß durchgemacht.
Vermutlich entsprach *Wagners* Musik in einem hohen Maße dem Geschmack der Generation nach 1848 in Deutschland. Das trifft sowohl auf das Bürgertum als auch auf die Aristokratie zu, der bayerische König und der deutsche Kaiser waren Anhänger seiner Werke.

Die Situation in Deutschland nach der Reichsgründung: »Die tonangebende Schicht war ein durch die Gründerzeit in den Sattel gehobener Geld- und Berufsadel, die Wagner und Makart«[9] wohl schon deshalb bevorzugte, weil neben anderen Künstlern dieser Epoche speziell diese beiden auf kaum vorstellbare Weise einem Bedürfnisse nach Ausstattung und Festlichkeit entsprachen. »Fast das gesamte Bürgertum lebte in dem Bemühen, es den oberen Zehntausend nachzutun, um sich damit den Schein der Ranggleichheit zu geben.«[10] Dieser Tatbestand trifft insbesondere auf das Kleinbürgertum zu, das sich mit zunehmender Tendenz der Herausbildung großer Kapitalansammlungen, die in dem Anwachsen der Industrie und Handelsunternehmen sichtbar werden, in seiner eigenen wirtschaftlichen Entfaltungsmöglichkeit beschränkt und mehr und mehr seiner Produktionsmittel beraubt sieht.

Hitler soll, als er »Mein Kampf« geschrieben hat, *Wagner*sche Heldenepen vor Augen gehabt haben.

Seit der Gründerzeit hat sich das Bürgertum speziell der Musik zugewandt. Musik bekam neben der repräsentativen Funktion auch noch die eines Fluchtraumes.
Der mächtig aufgeblühte Musikbetrieb wurde als Spiegelbild bourgeoiser Genußkultur empfunden. Diese herrschende Kunst wurde zunehmend kritisiert, nun auch die Musik- und Operntradition. Die Neuerer wie *Strauss, Schönberg* und *Mahler* orientierten sich trotzdem daran. Eine Vielzahl neuer Instrumente wurde von ihnen eingeführt. Eine Klangverfeinerung und Geräuschintensivierung war damit beabsichtigt.
Die Oper war so sehr ein Medium, das das Bürgertum für sich in Anspruch nahm, daß »selbst Opern mit naturalistischer Thematik auf der Bühne dem herkömmlichen Pathos verfielen.«[11]
Aus der Erkenntnis heraus, daß Musik nicht schmücken, sondern »wahr« sein

soll, wurde von ihren Vertretern die »Zwölftontechnik« entwickelt. Das ist eine Kompositionstechnik mit 12 aufeinander bezogenen Tönen, die zu einer Tonreihe festgelegt wurden und nach bestimmten Regeln verarbeitet werden.
Die »moderne« Kunst wurde von völkischen Kreisen (ab 1900) zunehmend kritisiert. Sie wurde als »verjudet« oder »entartet« bezeichnet. Diese Kreise vertraten die Meinung, semitische Einflüsse würden eine systematische Kulturzersetzung anstreben. *Mahler, Bekker* und *Schönberg* wurde unterstellt, einer international-jüdischen Bewegung anzugehören. Ihnen wurde vorgeworfen, mit ihren Werken keinerlei Verständnis für die romantische Tiefe der deutschen Seele aufzubringen. »Wagner-Vereine«, die sich gebildet hatten, sorgten für die Verbreitung dieses völkischen Gedankenguts. Hinzu kam, daß der »Spießbürgergeschmack« der damaligen Zeit vor dem 1. Weltkrieg überall Unmoral witterte.
Die Realismusdiskussion, die nach dem ersten Weltkrieg aufgrund der offen zutage tretenden gesellschaftlichen Widersprüche auch von fortschrittlichen Musikkünstlern in bezug auf die Oper geführt wurden, führte in den zwanziger Jahren zur Entwicklung einiger realistischer Experimente auf dem Gebiet der Oper, wie z. B. *Strawinskys* »Historie du Soldat«, *Alban Bergs* »Wozzeck«, den *Brecht-Weill*-Werken »Aufstieg der Stadt Mahagonny« und »Dreigroschenoper«. Diese Werke kamen auch ohne den sonst üblichen Pomp aus; die Inszenierungen und auch die Bühnenbilder wurden einfacher.
»Es kam eine neue Musik, die frisch und ohne viel Umstände auf ihr Ziel losging. Wenn Strawinskys Soldatenballade vor ein paar bunten Leinwandfetzen mitreißt und erschüttert – wozu dann der Kolossalpomp? Was braucht Musik, die durch die Ewigkeit rauschen will, solche Szenerie? Das Theater machte damals eine kleine Revolution duch. Plötzlich wurde das Bühnenbild wieder einfach – mit dem Verruf der Guckkastenbühne kam auch die Wagneroper in Mißkredit. Der alte Zauber schien für immer ausgespielt zu haben.«[12]
In Berlin stand für kurze Zeit für Opernexperimente sogar ein eigenes Musiktheater, die »Krolloper«, zur Verfügung. Organisatorisch wurde sie von der Volksbühne getragen, unterstützt vom preußischen Kulturministerium. 1930 wurde sie jedoch aus finanziellen Gründen geschlossen.
Gerade in Kreisen fortschrittlicher Künstler begann allerdings auch damals schon eine Diskussion, die die Oper als musikalisches Ausdrucksmittel generell in Frage stellte.
Ab 1930 eroberten sich nach und nach völkisch gesinnte Kräfte Machtpositionen. »Nach dem 30. Januar 1933 wurden sehr schnell Lehrstühle und Akademieposten von den Vertretern der ›Neuen Musik‹ gesäubert.«[13]
Entsprechende Erlasse und Gesetze boten Möglichkeiten, politisch Unliebsame sowie Musiker und Künstler jüdischer Abstammung (Ausmerzung des Judentums) aus dem Beamtenverhältnis zu entlassen, Verträge vorzeitig zu kündigen bzw. nicht zu erneuern.
Alle Künstler, die in der Weimarer Republik auf dem Gebiete der Musik eine neue Entwicklung eingeleitet hatten, waren davon betroffen.
Gleichschaltungsgesetze gaben dem faschistischen Staat die Möglichkeit,

sämtliche gesellschaftliche Aktivitäten auf dem Gebiete der Kunst und Musik zu überwachen. Das ausführende Organ hierfür war die »Reichsmusikkammer«, die als eine Unterabteilung der Reichskulturkammer dem Reichsministerium für Volksaufklärung und Propaganda unterstand.
Unter der Bezeichnung »Neugestaltung des deutschen Musiklebens« wurde Gedankengut, das bisher nur von den völkischen Kreisen vertreten wurde, zur herrschenden Auffassung. Bevorzugt wurde eine Musik, in der das sog. Unvergängliche »ewig Wahre« zum Ausdruck gebracht werden konnte. Begriffe wie »modern«, »realistisch« waren von nun an verpönt.
1936 hatte das Reichsministerium für Volksaufklärung und Propaganda eine Anordnung erlassen, die auch die Kunstkritik verbot. Von nun an war auch Musikkritik nicht mehr erlaubt und sollte durch die »Musikbetrachtung« ersetzt werden. Das war eine weitere Maßnahme des faschistischen Staates, die verhindern sollte, gesellschaftliche Widersprüche erkennbar werden zu lassen. Die Musikbetrachtung sollte die »Vermittlerin zwischen Kunstwerk und Publikum« sein.

2.2 Das heutige Opernpublikum

Kartenverkauf und Subventionspolitik der Institution Oper sind aufeinander abgestimmt.
Die Verteilung der Besucherplätze bei der »Deutschen Oper Berlin« ist aus der nachfolgenden Übersicht erkennbar (1977):

freier Kartenverkauf an der Kasse	ca. 25 %
Abonnenten	ca. 20 %
Mitglieder der Freien Volksbühne Berlin	ca. 12,5 %
andere Theatergemeinden	ca. 12,5 %
Theater der Schulen	ca. 7,5 %
Presse- und Dienstkarten	ca. 4 %
unbesetzte Plätze	ca. 18,5 %

Über die Zusammensetzung des Publikums gibt es in soziologischer Hinsicht lediglich Schätzungen und Vermutungen, jedoch keine empirisch abgesicherten, exakten Daten. Da von seiten der Behörden oder sonstigen staatlichen Einrichtungen über diesen Zusammenhang wohl kaum ein inhaltliches Erkenntnisinteresse besteht, werden entsprechende Untersuchungen nicht angestellt bzw. eventuell vorhandene nicht veröffentlicht.
Es wäre allerdings notwendig, eine Analyse über die Zusammensetzung des Opernpublikums durchzuführen, damit ein Vergleich zwischen dem Durchschnittseinkommen der Opernbesucher und der Höhe der staatlichen Subventionen gezogen werden könnte. Da über die Einkommenshöhe der verschiedenen sozialen Schichten eher Zahlenangaben zu ermitteln sind, könnten so entsprechende Schlüsse gezogen werden, die das zugrundegelegte Prinzip der

»formalen Gleichheit« durch ganz exakte Ermittlungsergebnisse widerlegen würden.
Zu vermuten ist, daß die Opernbesucher, die sich ihre Eintrittskarte an der Kasse besorgen, wohl die stärkste Motivation aufbringen, eine Opernaufführung aus künstlerischem Interesse zu besuchen.
Unter soziologischem Aspekt betrachtet, sind sie vermutlich eher der oberen Mittelschicht, evtl. auch der oberen sozialen Schicht zuzurechnen.[14]
Für ein Opernabonnement kommen vermutlich schon eher Prestige-Gründe zum Opernbesuch in Frage. Opernabonnenten gehören wahrscheinlich überwiegend der Mittelschicht an. Auf diesen Personenkreis ist die Programmgestaltung der »Deutschen Oper« zugeschnitten. In den Abonnements-Verträgen werden ihnen viele Vorrechte gewährt. Sie haben die Wahl der Aufführungsfolge, erhalten die Zusicherung, daß ein und dieselbe Aufführung *für sie* erst nach 3 Jahren wieder auf dem Programm steht.
Diese Privilegien sind dann andererseits auch der Grund für eine Vielzahl organisatorischer und finanzieller Probleme, die von den Verantwortlichen des Opernmanagements beklagt werden. Deshalb z. B. müssen die Spielplan-Planungen sehr langfristig für Jahre im voraus festgelegt werden. Daraus ergibt sich auch die Notwendigkeit des täglichen Programmwechsels, der wiederum Einsparungsmaßnahmen verhindert.
Den Mitgliedern der »Freien Volksbühne Berlin« werden von den 10 Veranstaltungen in einer Spielzeit, zu denen sie die Mitgliedschaft berechtigt, 2 Opernabende angeboten. Nach unseren Vermutungen werden diese Opernbesucher größtenteils der unteren sozialen Mittelschicht (UM 1)[15] zuzurechnen sein. Über ihre Motivation, in die Oper zu gehen, gaben Mitglieder dieser Organisation folgende Gründe für ihre Mitgliedschaft an:

- es wird von vielen Mitgliedern der Zwang zum Kulturkonsum, der durch die Eintrittskarte gegeben ist, als positiv empfunden, weil
- diese Opernbesucher sich sonst nicht aktiv zum Eintrittskartenkauf bemühen würden,
- es wird von den Mitgliedern eine angenehme Unterhaltung erwartet,
- ein großer Teil der Mitglieder ist schon im Rentenalter und aufgrund des Alters froh, daß die Eintrittskarten ins Haus geschickt werden.

Die Mitgliedschaft in einer Theatergemeinde wird wahrscheinlich aus ähnlich gelagerten Bedürfnissen zu erklären sein, auch die Motivation der Mitglieder, eine Opernaufführung zu besuchen.
Bei unseren Überlegungen, die Schüler Opernbesucher interviewen zu lassen, waren wir davon ausgegangen, daß ein großer Teil der Besucher von Opern und sonstigen Musikveranstaltungen zum überwiegenden Teil lediglich eine emotionale Einstellung zur Musik hat und über kein spezielles Musikverständnis verfügt. Wir vermuteten ferner, daß dieser Sachverhalt mehr oder weniger auf alle Bevölkerungsschichten zutrifft. Unterschiedliches Bildungsniveau schlägt sich vermutlich vielmehr darin nieder, welcher Musikart sich der Rezipient zuwendet.

Wir nahmen daher an, daß der Opernbesucher mit derselben Motivation und Einstellung in die Oper geht wie Jugendliche in ein Pop-Konzert.
Während unseres Besuches der Aufführung »Don Giovanni« hatten einige Schüler den Arbeitsauftrag erhalten, herauszufinden, ob und in welcher Form das Publikum sich in den Pausengesprächen über die Musik unterhält. Die Schüler teilten hinterher mit, daß sie weder Gespräche über die Musik noch über die Aufführung im allgemeinen beobachten konnten.
Es ist ferner zu vermuten, daß Musikrezipienten – häufig unbewußt – ein bestimmtes Musikstück mit einem Zusammenhang verbinden, der evtl. auf emotionaler Ebene zu suchen ist und mit persönlichen (musikfremden) Erlebnissen im Zusammenhang steht. Das war unsere Schlußfolgerung aus der Tatsache, daß es Opern gibt, die überwiegend wegen einzelner Arien, Intermezzi, Chören, Ballettmusik und dergl. sehr beliebt sind und deshalb immer wieder auf den »Wunschlisten« für Spielpläne auftauchen. Ein solch beliebtes Duett ist z. B. das des Don Giovanni und der Zerline im 1. Aufzug, 9. Auftritt »Reich mir die Hand, mein Leben . . .« –
Das Publikum, das von den Schülern interviewt wurde, kann man vermutlich zum größten Teil als typisches Opernpublikum bezeichnen.
Eine wesentlich andere Publikumszusammensetzung ist bei Premieren vorzufinden.
Aus den Interviews ergibt sich, daß die Mehrzahl der von den Schülern Befragten zum sogenannten Bildungsbürgertum zu zählen ist, das aus Sozialprestigegründen »höhere« Kultur konsumiert. Bildung dieser Art ist wohl eher additiv aneinandergefügt. Da Kultur von dieser Bevölkerungsschicht als Ware betrachtet wird und auch als solche konsumiert wird, entstehen auch keine Kriterien für den Konsum oder sie sind von vornherein vorhanden. Von einem solchen Publikum werden die Kriterien für den subjektiven Geschmack nicht reflektiert. Die Einstellung, die als »Geschmack« zu bezeichnen ist, ist subjektiv und jeweils von soziokulturellen Einflüssen abhängig.
Hauser meint, daß speziell bei Großstädtern eine Geschmacksdepravierung (Verfall) zu beobachten sei und damit verbunden eine Hinwendung zur volkstümlichen Kunst.
Als Bedingungsfaktoren dieser Tatsache sieht er einerseits den sozialen Aufstieg von vorher künstlerisch uninteressierten Massen, andererseits sei auch ein teilweiser Verfall der früheren Elite, die über ein Fachwissen verfügte, erkennbar. *Hauser* meint ferner, daß auch heute noch »beträchtliche Teile der oberen Gesellschaftskreise am ›ostentativen Konsum‹ von Kulturgütern rein aus Prestigegründen festhalten«.[16]
Lugert hat folgende These erläutert: »Insgesamt weisen die empirischen Untersuchungen jedoch das nach, was sich bereits aus der gesellschaftswissenschaftlichen Betrachtung ergibt: In Korrelation mit der Sozialschicht und dem Bildungsstand wird der Musikkonsum differenzierter und bewußter.«[17]
Man kann heutzutage davon ausgehen, daß die Rezeption von Musik im allgemeinen der Reproduktion der Arbeitskraft dient und, anders als vor etwa 200

Jahren, keinen Anlaß für gesellschaftliche Auseinandersetzungen bietet. *Adorno* hält die Musik für einen Bereich, »von dem die Menschen meinen, er gewähre ihnen Asyl vor dem Druck der grauenvollen Norm«.[18]
Adorno versuchte, die verschiedenen Hörweisen unserer Zeit zu typologisieren und unterteilte die Hörer schließlich in sechs Gruppen:[19]

1. Der Experte
2. Der gute Zuhörer
3. Der Bildungskonsument
4. Der emotionale Hörer
5. Der Unterhaltungshörer
6. Der Gleichgültige

Die Masse der Opernbesucher dürfte den Gruppen 3 und 4 zuzuordnen sein, von denen es im einzelnen heißt: »Er (der Bildungskonsument) hört viel, unter Umständen unersättlich, ist gut informiert, sammelt Schallplatten. Musik respektiert er als Kulturgut, vielfach als etwas, was man um der eigenen sozialen Geltung willen kennen muß; diese Attitüde reicht vom Gefühl ernsthafter Verpflichtung bis zum vulgären Snobismus.«[20]
»Sein (des emotionalen Hörers) Verhältnis zur Musik ist weniger starr und indirekt als das des Kulturkonsumenten, dafür aber in anderem Betracht noch weiter weg vom Vernommenen: es wird ihm wesentlich zur Auslösung sonst verdrängter oder von zivilisatorischen Normen gebändigter Triebregungen, vielfach zu einer Quelle von Irrationalität, die den in den Betrieb rationaler Selbsterhaltung unerbittlich Eingespannten überhaupt noch gestattet, irgend etwas zu fühlen.«[21]
Wenngleich *Adornos* Hierarchisierung der Rezeptionsweisen fragwürdig erscheint angesichts der verschiedenen legitimen Funktionen von Musik, kann ihm phänomenologisch Recht gegeben werden. Rezeption von Musik ist gegenwärtig für die Mehrheit Musikkonsum, was nichts anderes als der Ausdruck des Warencharakters von Musik ist. Besonders beim Bildungskonsumenten kommt der Warencharakter zum Vorschein, ihm ist Musik soziales Attribut, das seinen sozialen »Marktwert« in seinem Bewußtsein erhöht.

2.3 Finanzierungsprobleme der heutigen Oper

Es gibt in West-Berlin und in der Bundesrepublik ca. 70 Musiktheater bzw. Theater, in denen auch Opern aufgeführt werden. Alle zusammen haben im Jahre 1974 ca. 600 Millionen DM Subventionen aus Steuermitteln erhalten.
Da viele Bühnen sich in einer permanenten finanziellen Krise befinden, ist man z. T. schon dazu übergegangen, mehrere kleinere Musiktheater miteinander zu fusionieren.
Solche Versuche sind jedoch meist am Ehrgeiz von Regionalpolitikern, die oftmals lieber »dürftiges Mittelmaß« in Kauf nehmen, gescheitert. Aus dieser Sicht

betrachtet, erscheint Kulturpolitik z. T. als kleinbürgerlicher Prestigekampf von Nachbarstädten.

Jedoch zeichnet sich langfristig gesehen die Tendenz ab, daß künftig allenfalls noch die großen Bühnen eine Zukunft haben werden, die kleineren Musiktheaterunternehmen wohl kaum noch.

Auch für die großen Opernbühnen werden einige Fakten zur Existenzfrage. Dazu zählen z. B.:

- 80 % des gesamten Etats einer Oper werden durch die großen Gruppen, die jedes Opernhaus für Aufführungen beschäftigen muß, beansprucht. Diese großen Gruppen sind z. B. das Orchester, der Chor, das Ballett, die Handwerker. Größere Bühnen verfügen z. B. über eine eigene Tischlerei, Schlosserei, Malerwerkstatt, Schneiderei.
- Durch die sozialen Absicherungen der dort Beschäftigten (Tarife, Sozialgesetze usw.) können die Opernbühnen sich nicht mehr so elastisch wie früher nur auf ihre künstlerische Aufgabenstellung einstellen.

  Diese Situation wird von Opernintendanten beklagt. Von diesen Beschäftigungsgruppen werden überwiegend Tätigkeiten ausgeführt, die Dienstleistungscharakter aufweisen. Durch Lohnerhöhungen und Überstundenzuschläge wird jeweils der Gesamtetat eines Hauses stark belastet.
- Auf die Dauer kommt auch ein großes Haus nicht umhin, »Opernstars« zu beschäftigen. Diese Stars ziehen zwar ein finanzkräftiges Publikum an, verlangen jedoch Gagen zwischen 12 000.– und 22 000.– DM pro Abend. Sich ein festes Starensemble zu halten, ist allerdings nur den sehr großen Bühnen möglich.
- Aus Ersparnisgründen sind deshalb auch schon Opern konzertant, d. h. ohne Kulissen und ohne Kostüme aufgeführt worden. Diese Versuche erfreuen sich beim Publikum jedoch keiner großen Beliebtheit.

Diese und auch andere Faktoren erklären z. T. die Tatsache, daß sich überall auf der Welt die Opernhäuser finanziell und künstlerisch in einer Krise befinden. Während im vorigen Jahrhundert und auch noch einige Jahrzehnte unseres Jahrhunderts reiche Opernfreunde aus dem Adel und dem Bürgertum als Mäzene oder durch Fördervereine die Operhäuser finanziell unterstützten, sind die Opernbühnen heutzutage in erster Linie darauf angewiesen, wirtschaftlich zu arbeiten. Die Einnahmen durch Kartenverkauf reichen jedoch bei weitem nicht aus, um die Unkosten zu decken; deshalb werden dann enorme Summen, die diesen Fehlbedarf decken sollen, aus Steuermitteln benötigt. Wenn diese Subventionen nicht vom Staat gewährt würden, wären die Eintrittskarten so teuer, daß sie sich nur noch wenige leisten könnten.

Die derzeit praktizierte formale Anspruchsberechtigung, wonach die Zuschüsse aus Steuermitteln legitimiert werden und die davon abgeleitet ist, daß *jeder* Bürger an den kulturellen Einrichtungen teilhaben kann, wäre dann nicht mehr gewährleistet.

Bei Empfängen und Staatsbesuchen werden ausländische Staatsmänner oder Würdenträger meist in die Oper eingeladen. Namhafte Opernmanager empfehlen wegen dieser Repräsentationsfunktion, die der Oper übertragen wurde, den Etat der Opernhäuser nicht den Kultureinrichtungen, sondern ihn ehrlicherweise den Public-Relation-Fonds der Regierungen zuzuschlagen.

2.4 Die gesellschaftliche Funktion der Oper

Es kann davon ausgegangen werden, daß die Entwicklungstendenzen der Oper als Kunstform durch unterschiedliche Bedürfnisse – einerseits der feudalen Fürsten, andererseits des Bürgertums mit seinen Emanzipationsbestrebungen – geprägt worden sind. Der Entwicklungsprozeß, der in dieser Kunstform steckt, und der jeweils reale und soziale Bezüge hat, ist für den heutigen »normalen« Opernbesucher nicht mehr erfahrbar oder sichtbar. Über das heutige Opernpublikum könnte man sagen, daß es soziologisch gesehen keine homogene Gruppierung ist.

Der Kunstsoziologe *Arnold Hauser* vergleicht das Publikumsverhalten zu unterschiedlichen Zeiten und sieht diesen Zusammenhang folgendermaßen: »Kunstformen wie etwa die Oper oder das ernste Drama mögen ihre eigentliche Bedeutung für das ›gebildete‹ Publikum verlieren, doch an ihrem ehemaligen Prestige weiter zehren. Das Abonnement in den Opernhäusern mag als ›ostentativer Verbrauch‹ aufrechterhalten werden, auch wenn kein entsprechendes inneres Bedürfnis mehr dafür besteht. man hat es nicht mehr mit dem gleichen Phänomen zu tun wie in den Fällen, wo die Werke von dem Publikum rezipiert werden, für welches sie bestimmt waren.«[22]

Die Einstellung des Publikums ist aufgrund von sozialen Entwicklungsprozessen dann auch stärker auf die Repräsentation und das Prestigedenken abgestellt, weil der Opernbesuch häufig im Zusammenhang mit sozialem Aufstieg betrachtet wird. Es ist anzunehmen, daß eine innere geistige Einstellung zum Kunstwerk »Oper« bei einem solchem Publikum nicht mehr vorhanden ist.

So gesehen sind die Aussagen der von den Schülern interviewten Opernbesucher verständlich. Sie gehen in die Oper, um etwas »Erhebendes« auf der Bühne zu erleben, oder auch um sich selbst sehen zu lassen.

Bei Meinungsumfragen wünscht sich das Opernpublikum immer wieder die gängigsten Opern. Experimente werden von großen Teilen des Publikums abgelehnt.

Vermutlich wohl auch deshalb werden die Überlebenschancen der Oper als eigenständige Kunstform nicht überaus hoch eingeschätzt. *Theodor W. Adorno* sieht für die Zukunft der Oper folgende Perspektive: »Was die Oper anbelangt, so glaube ich, daß sie vielleicht noch dieses Jahrhundert überleben wird, das nächste kaum mehr. Ich kann mir eine Kultur vorstellen, in der die Oper in einer ähnlichen Weise verschwindet wie eine ganze Reihe anderer Formen, z. B. die des repräsentativen Portraits in der Malerei.

Menschen, die spezifisch interessiert sind, hören sich dann eben Platten von Opern an. (. . .) Die Form der Oper befindet sich in einem akuten Krisenzustand, nicht in bezug auf die Teilnahme des Publikums daran, denn das rennt unverändert in die ›Aida‹ oder die ›Meistersinger‹. Aber es ist mit der Produktion von Opern im traditionellen Sinn vorbei – selbst im Sinn von ›Wozzeck‹ oder ›Lulu‹ oder ›Moses und Aron‹.«[23]

2.5 Die Berliner Opernhäuser

In Berlin gibt es seit Jahrzehnten drei Opernhäuser: die »Deutsche Staatsoper«, die »Komische Oper« und die »Deutsche Oper«. Da die »Deutsche Staatsoper« und die »Komische Oper« im heutigen Ostteil der Stadt gelegen sind, blieb West-Berlin nur die »Deutsche Oper« in der Bismarckstraße.
Wir beschränken uns bei der geschichtlichen Darstellung auf die beiden größeren und bedeutenderen Bühnen, die »Deutsche Staatsoper« und die »Deutsche Oper«.

2.5.1 Die »Deutsche Staatsoper« Berlin, Unter den Linden

1728 soll der Kronprinz *Friedrich von Preußen* mit seinem Vater am Dresdener Hof eine Opernaufführung erlebt haben, die ihn so beeindruckt haben muß, daß er 1741 als preußischer König *Friedrich II.* den Baumeister von *Knobelsdorff* beauftragte, ein Opernhaus zu bauen.
Der Bau war bereits 1742 soweit fertiggestellt, daß das Haus als »Königliche Hofoper« eröffnet werden konnte.
Durch Brände wurde die Oper Unter den Linden im vorigen Jahrhundert mehrmals zerstört. 1844 wurde das Haus nach Plänen von *Langhans* völlig neu errichtet.
Während der Revolution 1848 soll die Berliner Bevölkerung die Requisitenkammer der Theater und der Oper gestürmt haben, um sich mit Waffen zu versorgen.
Nach der Reichsgründung 1871 hatte das Opernhaus den Namen »Preußische Staatsoper« erhalten.
1928 wurde ein Umbau des Hauses, der vor allem auch technische Verbesserungen vorsah, vorgenommen.
1933 wurde die Verwaltung der Staatsoper dem preußischen Ministerpräsidenten *Hermann Göring* unterstellt.
Im April 1941 brannte das Gebäude bei einem Luftangriff bis auf die Grundmauern ab. Das Ensemble der Staatsoper wurde in der Folgezeit bis Kriegsende für die Wehrmachtbetreuung eingesetzt.[24]
Im Februar 1945 wurde der inzwischen fast fertiggestellte Neubau bombardiert und wieder zerstört.
Nach dem Krieg wurde das Gebäude im Stil Knobelsdorffs erneut aufgebaut und 1955 eröffnet.

2.5.2 Die Deutsche Oper Berlin

2.5.2.1 Geschichte

1911 gründete sich in Charlottenburg (damals noch eine selbständige Gemeinde) ein Bürgerverein, dessen Ziel eine Aktiengesellschaft für den Betrieb eines Opernhauses war. Die Stadt Charlottenburg errichtete das Gebäude, das im November 1912 mit einer Aufführung des »Fidelio« von Beethoven unter dem Namen »Deutsches Opernhaus« eröffnet wurde. Das Haus bot im Parkett und in den Rängen ca. 2300 Personen Platz. Die Betriebs AG übernahm die Verwaltung des Hauses. Ein Stamm von 1100 Abonnenten war bereits vorhanden.
Die allgemeine schwierige ökonomische Situation und die Inflation trugen dazu bei, daß die Betriebs AG 9124 den Konkurs anmelden mußte.
Die Stadt Berlin, in deren Bereich die Stadt Charlottenburg nach der Gebietsreform inzwischen aufgegangen war, übernahm anschließend die Verwaltung des Hauses.
1925 wurde es unter dem Namen »Städtische Oper Berlin« eröffnet.
In dieser Zeit lag die Intendanz der beiden Berliner Opernbühnen, der »Städtischen Oper« und der »Deutschen Staatsoper«, zeitweilig in denselben Händen.
1934 wurde die Oper in der Bismarckstraße dem »Reichsministerium für Volksaufklärung und Propaganda« *(Goebbels)*, der »Reichsmusikkammer«, unterstellt.
Der neue Generalintendant wurde der ehemalige Wagneropernsänger *Wilhelm Rode*, der aufgrund einer Empfehlung *Adolf Hitlers* diesen Posten bekam. (*Hitler* soll ihn in den zwanziger Jahren in München allein zehnmal als Hans Sachs bewundert haben.)
1935 wurde das Opernhaus umgebaut. Man veränderte den Zuschauerraum und führte einige technische Neuerungen ein. Im November 1943 wurde das Gebäude bei einem Luftangriff zerstört.
Im Mai 1945 beschloß die russische Militärkommandantur, den Kulturbetrieb der Stadt wieder aufzunehmen. Da beide Opernbühnen der Stadt Ruinen waren, bestand die einzige unzerstörte Bühneneinrichtung im jetzigen »Theater des Westens«. Dieses war mit Ausnahme des 2. Rangs benutzbar. Bis zum Herbst 1945 wurde der Name »Deutsches Opernhaus« beibehalten, dann jedoch in »Städtische Oper Berlin« umbenannt. Ab Dezember 1945 setzte man für die Verwaltung des Hauses ein Direktorium, das aus 3 Intendanten bestand, ein. Da sich aus der Zusammenarbeit verwaltungstechnische Schwierigkeiten ergaben, wurde 1948 der Intendantenposten neu besetzt.
1949 begann man mit den Enttrümmerungsarbeiten in der Bismarckstraße. Der Zuschauerraum erhielt ein Notdach und wurde anschließend als Kulissenlager benutzt.
Seit 1952 gab es Pläne für den Wiederaufbau des Hauses in der Bismarckstraße. Diese Konzeption sah nicht den völligen Abriß vor, sondern bezog die Wiederverwendung von unzerstörten oder nur teilweise zerstörten Bauteilen mit ein. 1953 wurde ein Architektenwettbewerb ausgeschrieben.

Der Wiederaufbau wurde vorerst in Etappen vorgenommen. Er betraf zunächst das Magazin und die Werkstätten, dann den Bühnenturm und den Zuschauerraum. Für den gesamten Wiederaufbau waren ursprünglich 14 Millionen DM vorgesehen. Die Einbeziehung der verbliebenen Bauteile, die durch die Zerstörung und die Verwitterung noch mehr gelitten hatten als man ursprünglich annahm, sowie die komplizierteren technischen Einrichtungen, die sich aus der Wiederverwendung der alten Bauteile ergaben, verdoppelten fast die Baukosten, die dann auf 27,4 Millionen DM anstiegen.
Zu den Festwochen 1961 wurde das Haus feierlich eröffnet und erhielt den Namen »Deutsche Oper Berlin«. Die Eröffnung des Hauses kurz nach dem Bau der Mauer wurde als Politikum angesehen.
Nach der Fertigstellung hatten die Außenfassade und der Zuschauerraum ein »modernes Gesicht« erhalten. Die Fassadenfront an der Bismarckstraße, 70 m lang und 13 m hoch, wurde durch Betonplatten gestaltet, in die faustgroße Kieselsteine eingegossen wurden. Zur »Belebung« dieser Fassade wurde eine 20 m hohe Plastik aus Edelstahl davor aufgestellt.
Der Zuschauerraum bietet Platz für 1900 Besucher. 1200 Sitzplätze befinden sich im Parkett und Hochparkett, 365 im ersten Rang, 335 im zweiten. Alle Plätze sind direkt zur Bühnenmitte ausgerichtet. Eine einwandfreie Akustik, die in früheren Bauten durch Ornamente und Zierwerk erzielt wurde, ist beim Neubau durch die Form und das Material der Decke, durch Beleuchtungskörper und durch die Holzverkleidung an den Wänden erreicht worden.
Die Belüftung des Zuschauerraumes geschieht durch Zuführung von Frischluft am Fuße der Zuschauersessel. An der Decke wird die verbrauchte Luft abgesaugt.
Das Zentrum der Anlagen für den Spielbetrieb ist das Bühnenhaus. Darin sind untergebracht: die Hauptbühne mit einer Größe von 600 m^2, die Hinterbühne, die Zugang zu den Magazinen und Werkstätten hat, und zwei Seitenbühnen. Auf den Seitenbühnen und der Hinterbühne können während der Vorstellung auf Bühnenwagen die verschiedenen Bilder auf- oder abgebaut werden. Die Hauptbühne ist währenddessen durch eiserne Schallvorhänge gegen die Nebenbühnen abgeschirmt.
In den Pausen werden diese Vorhänge hochgezogen und der jeweils benötigte fertig bebaute Bühnenwagen wird mit elektrischem Antrieb auf die Spielfläche gezogen. Der Seitenwagen ist schrägstellbar, der Hinterbühnenwagen ist mit einer Drehscheibe, die 17 m im Durchmesser mißt, ausgerüstet.
Das Bühnenhaus ist bis zu einer Höhe von ca. 27 m benutzbar, d. h. Prospekte und Kulissen können etwa bis zu dieser Höhe in dafür vorgesehene Vorrichtungen eingehängt werden. In der Deutschen Oper Berlin sind ca. 1000 Menschen beschäftigt.
Diese sind in ca. 40 verschiedenen Berufen tätig. Dazu gehören z. B. die Künstler im Spielbetrieb wie z. B. Sänger, Tänzer, Orchestermusiker; die, die für den technischen Ablauf zuständig sind, gehören u. a. zu den Berufssparten Elektriker, Tontechniker, Rohrleger und Klempner.

Außerdem ist noch eine Vielzahl von Handwerkern und Technikern beim Kostüm- und Kulissenbau beschäftigt, wie z. B. Schneider und Schuhmacher, Schlosser, Tischler, Maler und Dekorateure.

2.5.2.2 Staatliche Subventionierung

»Die ›Deutsche Oper Berlin‹ hat die Aufgabe, das musikalische Theater zu pflegen und weiterzuentwickeln.«[25]

Um diese Aufgabe zu erfüllen, erhält diese Einrichtung Zuschüsse in Millionenhöhe, die aus Steuermitteln der Allgemeinheit bereitgestellt werden. Im Jahr 1978 betrug die Höhe dieser Zuschüsse 46 291 900.– DM.

Lt. Berliner Haushaltsplan hatte die Oper im Jahre 1978 Einnahmen in Höhe von 7 859 700.– DM, die sich vor allem aus dem Verkauf von Eintrittskarten und Programmen, Entgelten für Dienst- und Sachleistungen sowie aus Entgelten für die Übertragung von Aufnahmen (und verschiedenen anderen Einnahmeposten) ergaben.

Im gleichen Zeitraum hatte die Oper nach dem Berliner Haushaltsplan Ausgaben in Höhe von 54 151 600.– DM. Die größten Posten dieser Gesamtsumme setzten sich zusammen aus: Vergütungen und Ausgaben für das künstlerische Personal, Vergütung der in den Werkstätten Beschäftigten, Druckkosten für Programme und Eintrittskarten, Heizung, Hausreinigung, Stromkosten und dergl.

2.5.2.3 Eintrittspreise

Nach dem Haushaltsplan für das Land Berlin [26] werden die Eintrittspreise von den Senatoren, die für kulturelle Angelegenheiten und für Finanzen zuständig sind, festgelegt.

Für die Höhe der Eintrittspreise gibt es 3 Kategorien: A, B, C; Kategorie A wird bei normalen Veranstaltungen, B und C bei Premieren und sonstigen Veranstaltungen angewandt.

Nach dieser Einstufung kosten die teuersten Plätze (die ersten beiden Parkettreihen und die Logen) je nach Kategorie zwischen 33.– und 50.– DM, die billigsten Plätze zwischen 10,50 und 16,50 DM.

Jährlich werden in der Deutschen Oper Berlin 315 Veranstaltungen durchgeführt.

3. »Don Giovanni« von W. A. Mozart

Für das Unterrichtsvorhaben ergab es sich, daß wir – an den Spielplan der Deutschen Oper Berlin gebunden – nur noch für »Don Giovanni« in italienischer Sprache genügend Schülerkarten bekommen konnten.
Die Entstehungsgeschichte und der Wandel in den Inszenierungsformen dieser Oper, die im folgenden aufgezeigt werden, wurden von uns im Nachhinein erarbeitet. Da es denkbar ist, daß dieser Teil mit zum Inhalt eines ähnlichen Unterrichtsprojektes gemacht wird, wurde wegen seines exemplarischen Charakters und der möglichen Übertragbarkeit auf andere Entwicklungsgeschichten einer Operninszenierung[27] in diesem Zusammenhang nicht auf ihn verzichtet. Es wird im folgenden Teil erkennbar, daß eine Inszenierungsform nicht allein das Werk des Intendanten, sondern Ausdruck der jeweiligen Zeitepoche und d. h. der gesamtgesellschaftlichen Situation ist, einschließlich der technischen Neuerungen und Möglichkeiten. Eine Operninszenierung, die den Inhalt einer Dichtung mit der ihr immanenten Ethik durch verschiedene Elemente, wie z. B. Text, Bühnenbild, Dekoration, Kostüme, Schauspiel, Musik etc. darstellt und interpretiert, läßt immer Schwerpunkte in dem einen oder anderen Teilbereich erkennen. Diese unterschiedliche Gewichtung ist wiederum abhängig von verschiedenen Zeitströmungen. Oftmals werden auch Veränderungen in einem Teilbereich durch die Schwerpunktsetzung eines anderen ausgelöst (vgl. hierzu auch Tafel VI). Diese Erkenntnis ist wichtig, wenn letztlich die Funktion der Oper in Gegenwart und Zukunft angesprochen wird.

3.1 Entstehung

Mitte und Ende des 18. Jahrhunderts bildete Prag neben der kaiserlichen Hauptstadt Wien einen Mittelpunkt künstlerischen Lebens in der Habsburger Monarchie. Im Gegensatz zu Wien, wo der Hof die Künstler unterstützte, war es in Prag der reiche böhmische Adel, der die Künstler engagierte. Die böhmischen Stände standen in Opposition zum Hof in Wien und einen Beweis für die eigenständige Kulturform der Adligen bildet noch heute das Gräflich Nostizische National-Theater. Dieses Theater hatte der Graf *Nostiz* 1781 auf eigene Kosten als Nationaltheater erbauen lassen und seit 1784 an *Pasquale Bondini* verpachtet. Der technische Stand des Prager Theaters entsprach noch den Erwartungen, die man bis zum Ende der Barockzeit an die Oper zu stellen gewohnt war. Die Oper war mehr zum Sehen als zum Hören da. Das läßt sich aus verschiedenen Fakten erkennen: Viele alte Aufführungsberichte beschreiben oft nur das Szenische. Der Bühnenbildner hatte eine größere Bedeutung als der Librettist und

Komponist, die oft gar nicht erwähnt wurden. In Prag war denn auch der technische Stand der Bühne sehr gut, die Akustik aber so schlecht, daß ein »reisender Ausländer« witzelte:

». . . die Stadt Prag müßte sich mit der italiänischen Oper behelfen, wo man nur den Gesang hören und die Grimassen sehen, nichts aber vom Text verstehen will.«[28]

Die italienische Oper hatte unter *Pasquale Bondini* großen Erfolg, vor allem mit Mozarts »Le nozze di Figaro«, die zur Lieblingsoper der Prager wurde. Dies veranlaßte adlige Freunde und Gönner, *Mozart* nach Prag einzuladen, um dort eine neue Oper zu inszenieren.
Einen Teil der Musik schrieb *Mozart* erst am Aufführungsort in unmittelbarem Zusammenwirken mit den Sängern, wie es zu der Zeit üblich war, um deren Eigenarten mitberücksichtigen zu können. Das Ensemble bestand aus sieben italienischen Sängern, und die Musik wie auch das Textbuch wurde ausschließlich auf diese »zugeschnitzelt«, wie *Mozart* das in einem seiner Briefe nannte. Das erklärt sich folgendermaßen: *Mozart*, der sich zwar von seinem Brotherrn, dem Erzbischof von Salzburg, gelöst hatte und als freischaffender Künstler tätig wurde, was zu der Zeit noch recht ungewöhnlich war, produzierte zum größten Teil Auftragskunst. Das bedeutete, daß z. B. eine Oper meistens für eine einmalige Aufführung zu festlichen Anlässen, wie sie bis zum 18. Jahrhundert fast ausschließlich als Gebrauchskunst in Erscheinung trat bzw. zur Zeit *Mozarts* für eine Opernsaison geschrieben wurde. So war es in Prag: *Bondini*, der Theaterdirektor, hatte gegen ein Honorar von 100 Dukaten *Mozart* den Auftrag erteilt, für die im Herbst beginnende Opernsaison eine Oper zu schreiben. *Mozart* war dabei an die dort vorgefundenen Voraussetzungen gebunden und versuchte, ganz den Gegebenheiten des Prager Theaters Rechnung zu tragen und dem Publikum dieser Stadt zu entsprechen.
Die Möglichkeit *Mozarts* in Prag, zwar im Auftrag, aber für ein von ihm begeistertes Publikum ein dauerhafteres Werk zu schaffen, mag u. a. die Wirkung und Bedeutung dieses Kunstwerkes ausmachen.
Der Stoff selbst hat sicher auch viel dazu beigetragen. Er hatte auf der Sprechbühne *(Molière, Goldoni)*, in der Ballettpantomime (*Glucks* Don Juan 1761) und der Oper mehrfach Verwendung gefunden. Er wird dem Mönch und Dichter *Tirso de Molina* zugeschrieben, der das spanische Schauspiel »Der Verführer von Sevilla und Der steinerne Gast« um 1630 verfaßt hat. Daß die Figur des Don Juan jahrhundertelang in der Literatur und auf dem Theater Verwendung gefunden und großen Erfolg beim Publikum erlangt hatte, hängt, laut *Döbler*, mit dem Christentum zusammen, das eine Gesellschaft prägt, »in der sich das Böse als sexuelle Potenz manifestieren kann«.[29] Gerade, weil das Christentum die Sinnlichkeit verneint und ausschweifende Sexualität verpönt, entsteht gewissermaßen als Protest gegen sexuelle Repression aus einem Konflikt heraus ein Gegenbild, die Figur des Don Juan, der die »tiefsten sexuellen Ängste und verdrängten Wünsche des christlichen Europäers«[30] verkörpert.

Fast jeder konnte sich mit Don Juan identifizieren: »Die Caballeros, in denen selbst ein kleiner Don Juan steckte, die braven Burschen, denen ein Geschickterer ihr Mädchen weggeschnappt hatte, die strengen Familienväter, die entführten Töchter und selbst die unschuldsvollen Jungfrauen, die heimlich auf einen Don Juan warteten«.[31]

Aber als christlich erzogener Mensch erwartete man die Bestrafung des Frevlers, weniger wegen seiner Abenteuer, sondern mehr wegen seiner Gotteslästerung, die dann auch durch den überirdischen Richter erfolgte. Die Gründe können unserer Meinung nach für die heutige Zeit immer noch als gültig angesehen werden, denn zeitgenössische Schriftsteller bedienen sich nach wie vor des Stoffs (z. B. *Max Frisch*) und, wie unsere Beobachtungen bei den Schülern zeigten, sind Identifikationsmöglichkeiten durchaus noch gegeben.[32]

So wählte *Mozart* sicher nicht von ungefähr diesen Stoff, der kurz vorher als »Don Giovanni ossia il convitato di Pietra« von *Bertati* großen Erfolg hatte. Ob *da Ponte*, der schon den Figaro geschrieben hatte, den Stoff des Don Giovanni vorgeschlagen hat, ist ungewiß. Sicher ist, daß *Mozart* den Stoff kannte und er ihm sehr gelegen haben mußte.

Die dem Stück innewohnende Sozialkritik – der Adlige, der sich sozial Niedrigergestellten gegenüber alles erlauben darf und von irdischen Gesetzen ungestraft bleibt – kam dem Bürgertum dieser Zeit sehr entgegen.

Mozart, von seiner Lebenshaltung her dem sinnenfreudigen Rokoko verhaftet, wollte sicherlich nicht den »ungehemmten Lebensgenuß« mit erhobenem Zeigefinger anprangern, sondern eher die damals vorherrschenden Moralvorstellungen widerspiegeln. So bezeichnete er sein Werk als ein »Dramma giocoso«, als ein »heiteres Drama«. In einem Brief an den Vater vom 7. Mai 1783 schrieb er: ». . . *Varesco* . . . könnte . . . mir ein neues buch auf 7 Personen schreiben . . . – Das notwendigste dabey aber ist, recht comisch im ganzen. – und wenn es dann möglich wäre 2 gleich gute Frauenzimmer Rollen hinein zu bringen. Die eine müßte Seria, die andere aber Mezzo carattere seyn, aber an Güte – müßten beyde Rollen ganz gleich seyn. – Das dritte Frauenzimmer kann aber ganz Buffa seyn, wie auch alle Männer, wenn es nöthig ist.«

Diese Verteilung der Frauenrollen war auch in anderen Opern sein Prinzip. Donna Anna stammt aus dem Bereich der Opera Seria, Elvira ist Mezzo Carattere, die Opera Buffa ist Zerlina zuzuordnen. Ein Ausspruch *Bassis*, dem Sänger in der Rolle des Don Giovanni 1787, über eine Aufführung in Dresden, zeigt den Stil, den Mozart bei der Aufführung anstrebte:

». . . es fehlen die Lebendigkeit, die Freiheit, wie es haben wollte der große Meister . . .; alles parlando und beinahe improvisiert, so hat es gewollt Mozart.«

3.2 Wandlungen in den Inszenierungsformen

Günter Rennert, international bekannter Intendant, schreibt in seinem Buch »Opernarbeit«[33] über die Inszenierungsschwierigkeiten der Opern *Mozarts* und speziell des »Don Giovanni«: »Jede der großen Opern Mozarts: ›Figaro‹, ›Don Giovanni‹ . . . ist ein Phänomen sui generis . . . Jedes dieser Werke verlangt seinen eigenen Stil, und das ist sicherlich, je nach Zeit und Epoche, die sie aufführt, . . . unterschiedlich . . . Der Mozartsche Kosmos verbietet jedes historische Etikett . . . Er ist nicht zu lokalisieren, weder zeitlich noch stilistisch.«
Zur heutigen Inszenierungsform des Don Giovanni sagt er an derselben Stelle: »Die Bildkonzeption sollte großräumig sein, atmen können . . . nicht zu einseitig auf die historische Herkunft des Stoffes ausgerichtet werden, sollte das Stück vor allem nicht in Gefahr bringen, durch Barock- und Renaissanceschwere erstickt zu werden.«[34] »Und doch muß das Barock als Ausdruck des Dynamischen, alle Grenzen sprengenden Weltgefühls spürbar werden.«
Wenn für *Mozarts* Opern eigene spezifische Gesetze gelten, wie *Rennert* meint, die auf keine bestimmten historischen Hintergründe und Interpretationen festgelegt sind, so kann an einer von ihnen der Wandel der Inszenierungsformen und damit der Wandel des musikalischen Theaters in Deutschland aufgrund der gesellschaftlichen und kulturellen Änderungen nachvollzogen werden. Als Grundlage dazu kann die Arbeit »Wandlungen in den Inszenierungsformen des ›Don Giovanni‹ von 1787–1928« von *Ch. Bitter* dienen. Durch seine genauen Rekonstruktionen der Mittel und Gegebenheiten der Uraufführung erhalten wir das Bild der Oper, wie es *Mozarts* Vorstellungen entsprochen haben muß. Im Verhältnis dazu lassen sich die wesentlichen Veränderungen in den Inszenierungen der verschiedenen Epochen nachvollziehen.
Als das Prager Theater 1781 erbaut worden war, hatte *Graf Nostiz* den jungen Maler *Josef Platzer* als Dekorationsmaler engagiert. *Bondini* hatte die Dekorationen *Platzers* von 1781 mit übernommen. Die Dekorationen waren allenfalls ausgebessert, jedoch nicht für jedes Stück neu angefertigt worden.
Bondini hatte also – wie alle Theater dieser Zeit – einen feststehenden Fundus an Dekorationen, die allerdings von bedeutender Qualität waren. Zwar ist der Einfluß des barocken Bühnenbildes noch deutlich zu erkennen, doch wird die Pracht und der Überschwang, der dort auch bei einfachen Szenerien noch herrscht, schon einer größeren Einfachheit und Klarheit des Bildes geopfert. »Der Stil der Dekorationen war spätbarock – in der Winkelperspektive noch von den Galli-Bibiena [einer über mehrere Generationen hinweg bedeutenden Künstlerfamilie. Der Verf.] beeinflußt –, aber schon deutlich mit rokokohaften Zügen. Die Kostüme waren zeitgenössisch, das heißt ausgehendes Rokoko, wie der Stich von Bassi zeigt; daran darf der wallende Federhut nicht irre machen, da Giovanni in dieser Szene verkleidet erscheint.«[35] Der Festsaal dürfte durch 2 Prospektflächen aufgeteilt worden sein, so daß die Illusion von 3 Sälen hervorgerufen wurde. Der Friedhof gleicht einem Mausoleum, wie es auch in der Szenenanweisung gesagt wird. Das Aquarell eines Prager Malers von 1791 dürfte dem tatsächlichen Bühnenbild relativ nahe kommen.[36]

Das Streben nach Natürlichkeit prägt sich auch im Stil des ganzen Ensembles aus. Man begann sich von dem überkommenen Schematismus der stilisierten, französischen Darstellungsweise zu lösen und nach einem »idealisierten Naturalismus« zu streben ... Dem »idealisierten Naturalismus« lag allerdings noch eine weitgehend genormte Gebärdensprache zu Grunde, auch war das Spiel im allgemeinen von festen Regeln der Stellung beeinflußt, man stand bei Ensembles in einem Halbkreis, bei der Oper häufiger in einer Linie, bei Duo-Szenen wurde der Partner nicht direkt angesprochen, man stand in Dreiviertelwendung zum Publikum. Solche und andere Bestimmungen engten die Bewegungsfreiheit des einzelnen weitgehend ein.«[37]

»Die klare Gliederung, die sich im Aufbau des Textbuches herausschält, verlangt eine ... Untersuchung, um zu klären, welches die immanenten Gesetze der Oper sind, die Mozart und da Ponte bei ihrer Arbeit leiten. (...) Der Beginn des Werkes zeigt nur die einzelnen Passionen der drei Frauen, die wesentlich auf Giovanni bezogen erscheinen, dessen Leidenschaft der eigentliche Antrieb der Exposition ist. Durch die Vermischung der Passionen, die sich im zweiten Drittel des ersten Aktes ereignet, rückt Giovanni in den Hintergrund, die Ausweitung des Konflikts, der lawinenartig anwachsend alle Figuren zu umfassen beginnt, beansprucht unser ganzes Interesse und im ersten Finale erreicht die allgemeine Passion ihren Höhepunkt. Der zweite Akt zerstreut diese Passion wieder, lenkt sie in eine andere Richtung, und mit Beginn der Friedhofsszene konzentriert sich die Aufmerksamkeit wieder nur auf Giovanni und verläßt diesen schmalen Raum nicht mehr bis zum Ende. Erst das Schlußsextett hebt diese Spannung auf. Wir müssen also erkennen, daß die Großform des »Don Giovanni« ... dreiteilig ist ... Die Dreiteiligkeit kann und muß jetzt als gesetzmäßig für die Oper anerkannt werden.«[38]

In Wien war 1788 die Situation für eine Don-Giovanni-Aufführung eine ganz andere. Die starre Tradition der barocken Oper war noch nicht ganz gewichen, aber es wurde auch ein Einfluß des Wiener Volkstheaters spürbar, das zum Possenhaften neigte. Die Don-Giovanni-Oper gefiel nicht. *Kaiser Josef II.* meinte dazu: »Dieses Werk ist himmlisch; es ist noch schöner als die Hochzeit des Figaro, aber es ist kein Bissen für meine Wiener.«[39]

Mozart machte nicht nur Konzessionen an den Geschmack des Wiener Publikums, sondern auch an die Sänger, darunter einer Schwägerin von ihm. Auf sie mußten die Arien wieder »zugeschnitzelt« werden, ihren Wünschen entsprechend neue Szenen hinzugefügt werden.

Auch in Wien, wie in Prag machte *Platzer* die Bühnenbilder, so daß sich die Aufführung äußerlich nur wenig von der Prager Uraufführung unterschieden haben dürfte.

»In den ernsteren Szenen war es ein steifes Spiel, während die heiteren Szenen leicht ins Niedrigkomische abglitten, gegenüber Prag eine Vergröberung ... festzustellen ist.«[40] Die Oper endete mit dem Höllensturz des Helden, die für alle Opern *Mozarts* typische Schlußszene fiel weg, obwohl *da Ponte* und *Mozart* bewußt »die Hauptpersonen des Dramas noch einmal auf der Bühne vereinigt sehen wollten: der Zuschauer sollte die Fäden ihres künftigen Geschicks entwirrt wissen und mit einem Gefühl der Versöhnung, wie es der Titel ›heiteres Drama‹ verhieß, nach Hause gehen.«[41]

Die erste deutsche Übersetzung 1788 von *Neefe* – einem führenden Singspielkomponisten des ausgehenden 18. Jahrhunderts – zeigt schon im Titel eine stärkere Veränderung: »Don Juan, der bestrafte Wüstling oder der Krug geht so lange zu Wasser bis er bricht. Eyn Singspiel in zwey Aufzügen.«

Zweierlei wird schon im Titel deutlich: Das Bild des Don Giovanni wandelt sich vom »Dissoluto Punito«, einem »aus der menschlichen und göttlichen Ordnung Ausschweifenden«, der, da er eine ihm gewährte Frist nicht nutzt, aus der Gesellschaft ausgestoßen werden muß und dabei zugrunde geht, zum Wüstling, später sogar zum Verbrecher, zum Don Juan, wie er ab jetzt genannt wird, der für seine Taten letztlich bestraft wird.

In den deutschen Aufführungen Ende des 18. Jahrhunderts (in Mainz [*Neefe*], in Mannheim [*Schmieder*] und in Hamburg [*Schröder*]) zeigt sich eine deutliche Tendenz zur Moral, Vergeltung wird verlangt, jetzt mehr für die Zahl seiner Untaten als für seine Starrheit, die im Höllensturz Don Giovannis ihren Ausdruck findet. Don Giovanni verschwindet im Höllenrachen und wird im Feuer verbrannt. Diese Variation entspricht ganz den bürgerlichen Moralvorstellungen jener Zeit, sie entsprach aber kaum den Intentionen *Mozarts*.

Die zweite Veränderung betrifft die Struktur des musikalischen Theaters in Deutschland. Das »dramma giocoso« wird zum deutschen »Singspiel«, das vorwiegend durch die »opéra comique« beeinflußt wurde. Charakteristisch für die Form des Singspiels ist der gesprochene Dialog anstelle des Rezitativs und liedhafte Formen für die Musik.

Entsprechend der Form des Singspiels müssen der Charakter des Don Giovanni, der Ausgang der Handlung und einzelne Szenen verändert, bzw. ganz neu hinzukommen, um die possenhaften Elemente dazubringen zu können und um der moralisierenden Absicht zu entsprechen. Die bürgerliche Moral wurde klar im Gegensatz zu der adligen Lasterhaftigkeit herausgestellt und betont. Man glaubte an die Erziehbarkeit und Verbesserlichkeit des Menschen und schuf eine reine »Tendenzkunst«.[42]

Die Abwandlungen des Inhalts waren gewaltig! Ein zeitgenössischer Bericht über eine Frankfurter Aufführung von 1798 läßt uns erkennen, welcher Art die Veränderungen waren und wie sie kritisch aufgenommen wurden. Es heißt da:

»Daß man aber hier die ganze Katastrophe der Oper geändert hat, wissen sie wohl nicht? Ob man sie besser machen wollte? oder aus welcher Absicht? Mir, muß ich gestehen, gefällt die Änderung gar nicht. Selbst gut ausgeführt würde ich sie dem Originale nachsetzen: Und nun gar die Exekution auf dem hiesigen Theater! Die Szene wird lächerlich; und das kann doch unmöglich beabsichtigt worden seyn? Sehen Sie: Don Juan wird förmlich und sichtbar von Teufeln, wenn sie in seinem Zimmer genug umgehüpft haben, in die Hölle gebracht, daselbst von jedem nach der Reihe herumgehetzt, und endlich in einen offenen feurigen Schlund eines großen Drachens geworfen. Die Musik bei dieser Höllenszene ist Wiederholung des Allegro.«[43]

Ein andermal wird sogar Don Ottavio von Don Giovanni ermordet. In kurzer Zeitspanne waren die Aufführungen so unterschiedlich, daß nicht näher darauf eingegangen werden kann. *Bitter* résumiert die Tendenz der verschiedenen Aufführungen: »Auf dem Theater hatte der Sturm und Drang das einzelne Individuum herausgehoben, in der Politik verfolgte die französische Revolution ein gleiches Ziel: die Befreiung des einzelnen Menschen. Immer dort aber, wo das Einzelne sich zu mächtig Bahn bricht, wo es nicht in eine feste Ordnung gefügt ist, herrscht Unordnung und im künstlerischen Bereich Stillosigkeit.«[44]
Der Grund für die Wandlung der Oper zum Singspiel in Deutschland und den damit verbundenen prinzipiellen Veränderungen in den drei Kunstformen, Musik, angewandte Kunst und darstellende Kunst liegt laut *A. Hauser* in der Eroberung des Musiktheaters durch das Bürgertum. Das Musiktheater im Gegensatz zu anderen Kunstformen wie z. B. dem Roman oder Drama war »bis zuletzt eine ausschließlich höfische Kunst geblieben, sowohl was den dargestellten Gegenstand betraf wie auch von der Seite der Theaterunternehmungen her. Die Form, in der sich der Bürger Eingang in diese Welt verschaffte, war das Singspiel, das seinen Ursprung im Drama hatte. Das bürgerliche Theater war nicht mehr an höfischen Traditionen orientiert, sondern am bürgerlichen Drama, obwohl es ›theatralische Konventionen‹ mit übernahm.«[45]
Der Realismus der Darstellung entsprach auch dem Realismus, der sich im Bühnenbild abzuzeichnen begann.
Im 19. Jahrhundert brachte *Joh. Friedr. Rochlitz* (1801) eine neue Übersetzung heraus, die weitere textliche und musikalische Veränderungen und Verfälschungen sowie auch Neudichtungen beinhaltet. Dahinter steht ein romantisches Weltbild, das jetzt das Bild des Don Giovanni bestimmt. »Aus dem Verbrecher Don Juan erwächst zunächst der unter dem Gesetz tragischer Notwendigkeit handelnde Don Juan, um dann – auf der rastlosen Suche nach der Vereinigung mit dem Unendlichen – zum tragischen Frevler zu werden, dessen Erlösung einzig hätte durch Donna Anna kommen können. *E. T. A. Hoffmann*, selbst Kapellmeister und Komponist, hat 1814 die Novelle »Don Juan« geschrieben und bringt hier die Gegenkraft zum Bösen, das Gute in der »Lichtgestalt Donna Annas. Anna wird, da sie Juan nicht lieben darf, zur rachedurstigen Verfolgerin«.[46]
Diese neue Interpretation zieht im Schauspielerischen, im Musikalischen und im Gesamtbau der Oper bzw. im »Singdrama«, wie sie *Bitter* nach genauer Begründung nunmehr bezeichnet, enorme Veränderungen nach sich, die alle die Züge der Romantik zeigen.
Interessant ist noch zu bemerken, daß jetzt die sängerische Leistung gegenüber der schauspielerischen in den Vordergrund trat.
Auf den Ausdruck von Gefühlen legt man jetzt besonderen Wert, der szenischen Aufführung dagegen wird weniger Beachtung geschenkt. Der Sänger wird jetzt zum beherrschenden Mittelpunkt der Aufführungen (u. a. spricht *Bitter* auch aus diesem Grund von einem »Singdrama«). Ab 1820 findet man die ersten Primadonnen an den deutschen Theatern.

Für die Romantik typisch endet in Prag z. B. die Vorstellung mit einem feuerspeienden Berg, und *Karl Maria von Weber* schreibt 1811 an seinen Bruder, daß in München ein ganzer Furienchor angehängt wurde.[47] »Die Furienchöre und Feuerschlünde entsprangen dem Bedürfnis, der Oper zu einem machtvollen und wuchtigen Abschluß zu verhelfen. Der Zuschauer sollte nicht mit dem heiteren Nachklang entlassen werden wie bei Mozart, sondern mit dem ganzen Gewicht der endgültigen Vernichtung beladen.«[48] Die Frage der Schuld spielt in dieser Epoche eine große Rolle. »Die Romantik reduziert die tragische Schuld auf den Eigensinn des Helden, auf sein pures persönlich gerichtetes Wollen und sein individuelles von der Ureinheit abgefallenes Sein.«[49]
Die Gründe für diese romantischen Ausdrucksformen liegen in den veränderten ökonomischen Verhältnissen, die durch kapitalistische Strukturen geprägt wurden. Diese Strukturen blieben dem einzelnen undurchschaubar und er fühlte sich der neuen Realität gegenüber nicht gewachsen. Traditionelle Werte und Normen waren bedeutungslos geworden, so daß eine allgemeingültige Orientierung verloren ging. Man versuchte entweder in die Zukunft, ins Irrationale zu flüchten oder aber zurück in die Vergangenheit, ins Historische, was speziell für Deutschland gilt. Schicksal könnte man synonym mit Kapitalismus verwenden, dem man entweder ins Irrationale, ins Illusionäre (entweder einer diesseitigen Erlösung wie Don Juan) zu entfliehen versucht oder dem man sich ins Vergangene entzieht.
Die Dekorationen der Don-Giovanni-Aufführungen entsprachen bisher immer dem Stil ihrer Zeit. Sie waren ohne historische Reminiszenzen, während im 19. Jahrhundert historische Bühnenbilder auftauchten, die aber nicht »der historischen Wahrheit entsprechen konnten, sondern . . . in ihrem Historismus dem Zeitgeschmack entgegenkommen«.[50] Die Gotik, als eine Lieblingsepoche der romantischen Zeit ist in Entwürfen *K. F. Schinkels* wieder zu erkennen. Auch die Bühnenentwürfe *Anton de Pians* für Wien (um 1810) zeigen eine historische Szenerie, die zwar noch sowohl in der Anordnung des ganzen Raumes in der Winkelperspektive, als auch im stilistischen Geschmack den Vorbildern der *Galli-Bibiena* stark verhaftet sind. Weil in Wien Italien immer noch das große Vorbild ist, »flüchtet sich *de Pian* nicht ins deutsche Mittelalter, sondern in die italienische Renaissance«.[51]
Richard Wagner setzte sich ab 1850 mit dem musikalischen Theater grundsätzlich auseinander und entwickelte eine Theorie des »musikalischen Dramas«, die nicht nur seine, sondern auch andere Werke des musikalischen Theaters im 19. Jahrhundert beherrschte. Den Unterschied des musikalischen Dramas zur Oper formuliert er so: »Der Irrtum in dem Kunstgenre der Oper bestand darin, daß ein Mittel des Ausdrucks (die Musik) zum Zwecke, der Zweck des Ausdrucks (das Drama) aber zum Mittel gemacht war.«[52] Nach *Bitter* liegt das Wesen des musikalischen Dramas »in der Herrschaft der Aktion über die Passion, wobei aber . . . die Passion möglichst stark die Aktion durchdringen soll . . . Aktion und Passion sollen verschmolzen werden, Wort und Ton eins werden.«[53]

Diese gegenseitige Durchdringung von Aktion und Passion führte zu einer Veränderung der Darstellungsart der Sänger. Das Bild eines Don-Juan-Sängers um 1855 [54] gibt einen Eindruck dieser Wandlung: »Der zum Himmel gerichtete Blick, das frei um den Kopf wehende Haar, die ekstatische Stellung des ganzen Körpers mit ihrer Spannung zwischen der emporgestreckten rechten Hand und der auf das Herz gelegten linken, dies alles hat ein Pathos, das der allumfassenden Lebenslust eines Don Giovannis fast entgegengesetzt ist.« [55] Die Art des »musikalischen Dramas« erfordert ein größeres Orchester und wuchtigere Chöre. Zusammen mit einer verlangsamten Aktion brauchen diese größere Räume, um voll zur Entfaltung kommen zu können. Die Bühnenbilder werden immer massiver und ausladender. »Aber nicht nur der optische Rahmen erfuhr eine Vergrößerung, auch die Theaterbauten selbst wachsen ins Riesenhafte.«[56] In dem Entwurf *Carlo Brioschi* (1863–1889 Hoftheatermaler in Wien) für die Eröffnungsaufführung des neuerbauten Hofoperntheaters von 1869 wird die Breite und Großräumigkeit erkennbar.[57] Auch bei der Neuinszenierung 1870 in Berlin zeigt sich der Wandel in den neuen Bühnenbildern von *K. W. Gropius* (Schüler *Schinkels* und seit 1819 Hoftheatermaler in Berlin). »Der Ballsaal mit seinen drei hintereinanderliegenden Sälen wirkt so weiträumig . . . daß . . . eine schnelle und bewegte Handlung nicht mehr« möglich scheint. »Die Charaktere können nicht mehr so sehr Charaktere als vielmehr Symbole sein.«[58]
Wieder werden die Charaktere und der Symbolgehalt des Stücks entsprechend der Zeitauffassung verändert. In zahlreichen Neuinszenierungen wird das Finale unterschiedlich effektvoll gebracht, wie eine Schilderung *Max Kalbecks* [59] zeigt:

»An dem zweiten Finale der Oper beißen sich alle Regisseure der Welt die Zähne aus, und jede Bühne läßt ihren Don Juan auf andere Art umkommen. Wir haben in verschiedenen deutschen Städten nacheinander folgende Variationen beobachtet: Der Geist versinkt durch Don Juan. Dieser wird von den Teufeln mit Dreizacken zu Tode gespießt, oder die Teufel packen ihn, werfen ihn in einen scheußlichen Höllenrachen. Der Geist versinkt mit Don Juan. Die Teufel führen einen triumphierenden Tanz auf und springen dann selbst in den Höllenrachen. Don Juan ersticht sich, nachdem der Geist verschwunden, oder er fällt tot zusammen. Der Hintergrund öffnet sich und man erblickt das Monument von Stein, aber ohne Reiter – dieses Solopferd war eine Nuance des allersinnreichsten Regisseurs, auf die er sich besonders viel einbildete.«

Es zeigt sich bei allen Inszenierungen, daß die Auseinandersetzung zwischen Don Juan und Donna Anna zum »Kampf zweier Weltanschauungen« wird. Die Identifikation des »Bösen« mit Don Juan und des »Guten« mit Donna Anna wurde wie zu Beginn des 19. Jahrhunderts weiterentwickelt; Donna Anna verkörpert nun die »Überwindung der sinnlichen Welt«, die Don Juan ist. Der bisherige »Gegensatz der Gefühle« wird zum »Gegensatz zweier Ideen«. Folglich muß am Schluß das Symbol für den Untergang der sinnlichen Welt gefunden werden, schließlich zielt »das Streben der Wagnerschen Epoche . . . auf die

Überwindung einer sinnlich-materiellen Welt und ihre Erlösung durch eine geistige Welt«.[60]

Dieser Flucht vor der damaligen Realität als *einer* Tendenz des Bürgertums der 2. Hälfte des 19. Jahrhunderts in Deutschland folgte im Bereich der Künste – möglicherweise als Reaktion auf die innere Leere, die sich durch die oberflächliche Beschäftigung mit Vergangenem ergab – ein genaueres Studium der historischen Bedingungen, unter denen ein Kunstwerk entstanden ist.

Bei unserem »Don Juan« tauchte die Frage nach seiner ursprünglichen Gestalt auf, die weiter zu den geschichtlichen Grundlagen des Don-Juan-Stoffes führte. Neuere Forschungen über *Mozart*[61] und die Herkunft seiner Don-Giovanni-Gestalt führten – neben den anderen ausgeführten Tendenzen – auch zu Versuchen, die gesamte Oper *Mozarts* in ihrer eigentlichen Form wiederherzustellen, wenn das zunächst auch nur fragmentarisch gelang. 1887 wurde in vielen Städten die 100. Wiederkehr des Tages der Uraufführung des Don Giovanni mit »Festaufführungen« gefeiert, aber nur in Berlin kommt es zu einer Neuinszenierung, die die neueren Forschungsergebnisse im musikalischen Bereich zum Teil berücksichtigte. Das Schlußsextett wurde jedoch in allen Aufführungen noch nicht wieder aufgenommen. Erst 5 Jahre später wirkte der Historismus auf die Darstellung selbst ein.

Ernst von Possart (ab 1895–1905 Generalintendant des Münchner Hoftheaters) unternimmt zusammen mit dem musikalischen Leiter der Münchner Hofoper, *Hermann Levi*, den Versuch, Mozarts »Don Giovanni« von allen Verfälschungen gereinigt in der vollständigen Prager Fassung auf die Bühne zu bringen.

Von Possart wählte in München statt des großen Hof- und Nationaltheaters das Residenztheater von Cuviliés, das wegen seiner kleinen, intimen Rokokoatmosphäre eher der Oper Mozarts entspricht. Die große, schwere »Don-Juan-Tragödie« paßte da nicht hinein, die Inszenierung mußte dem Theaterraum entsprechend verändert werden. *Von Possart* hielt vor der Aufführung einen ausführlichen Vortrag, den er später auch als Buch herausgab.[62] Während *Possart* sich auf die Prager Fassung der Partitur ohne die Wiener Zusätze von 1788 stützte, nahm *Levi* eine Übersetzung von 1874 von *Grandauer* zur Grundlage seiner Arbeit. Er vermochte sich noch nicht von dem christlichen Sündenmoment bei Don Juan zu lösen, und der Schluß des Sextetts lautet bei ihm:

»In der Hölle tiefstem Schlund
Wird des Frevlers Wohnung sein,
Doch wir andern stimmen freudig
In die alte Weise ein:
Also stirbt, wer Böses tat.
Jedem Sünder wird Vergeltung,
Wenn die letzte Stunde naht! –«[63]

Daß das Schlußsextett überhaupt wieder aufgenommen wurde, zeigt, daß dem »Dramma giocoso« *Mozarts* zu entsprechen versucht wurde, der Text jedoch noch an die Tradition verhaftet blieb. »Don Giovanni« selbst wird »zum lüstern-

galanten Abenteurer«, der Bösewicht fällt von ihm ab, die Figur beginnt wieder in positivem Licht zu erscheinen«.[64]
Das Orchester war auf ein Kammerensemble reduziert und der Chor stark verkleinert worden. Bei dieser Aufführung wurde zum ersten Mal die von dem technischen Direktor *Carl Lautenschläger* erfundene Drehbühne benutzt, so daß der Szenenwechsel ohne Unterbrechung nach der ursprünglichen Vorschrift vollzogen werden konnte. »Die Drehbühne besaß einen Durchmesser von 16 m und erlaubte dem Regisseur, die vier Dekorationen des ersten Aktes und die 5 Bilder des 2. jeweils auf einmal auf die Bühne zu stellen und somit die Umbauten zu vermeiden. Darüber hinaus war dadurch die Möglichkeit gegeben, alle dekorativen Teile plastisch zu gestalten, statt sie wie bisher aufzumalen.«[65]
Diese noch mangelhafte Technik jedoch war es, die den größten Anlaß zur Kritik gab, da die Aufmerksamkeit der Zuschauer vom Werk auf den Bühnenapparat gelenkt wurde.
Die Sänger, die zur gleichen Zeit die großen Partien der *Wagner*schen Werke neu bewältigen mußten, konnten sich in den neuen Stil des Musizierens (*Richard Strauss* versuchte Mozart ohne schweres Pathos zu musizieren) nicht hineinfinden. Dem Hauptdarsteller fehlte noch die Leichtigkeit in der Darstellung, die diesem Inszenierungsstil eher entsprochen hätte.
Wenigstens in der Handlung aber wird bei *Possart* eine Leichtigkeit erreicht: nämlich in der neuen Gestalt des Don Giovanni und in dem Wiederaufführen des Schlußsextetts.
Diese Kluft zwischen dem traditionell geprägten Don-Juan-Bild und der Neudeutung des Don Giovanni ist mehr oder weniger bei allen Aufführungen um die Jahrhundertwende zu spüren.
Eine Ausnahme bildete *Francisco D'Andrade*, ein portugiesischer Sänger, der, unbeeinflußt von den Deutungen *E.T.A. Hoffmanns* und der *Wagner*schen Epoche, durch sein romantisches Temperament zum ersten Mal den sinnlichen Rausch mehr durch sein Spiel als durch seine Stimme zum Ausdruck bringen konnte. Eine von *Slevogt* 1901 angefertigte Skizze *D'Andrades* Gestalt als Don Giovanni interpretiert *Bitter* so: es zeigt »das sieghafte, strahlende Moment, frei und offen steht *D'Andrade* in der Mitte des Bildes, die rechte Hand mit dem Handschuh hoch zurückgeworfen. Da ist nur noch herrisches Selbstbewußtsein, das einen trotzigen Lebensübermut zur Schau trägt«.[66] »Die sinnliche Faszination ist es, die *D'Andrades* Darstellung charakterisiert und die ihn völlig aus der Tradition heraushebt und andererseits zum Begründer einer Tradition werden läßt. Don Giovanni nicht mehr als Verbrecher, als Symbol einer sinnlichen Welt, die es zu überwinden gilt, sondern die Verherrlichung des Sinnlichen, des Erotischen, das ist es, was *D'Andrade* neu auf der Bühne entstehen läßt«.[67]
Bis aber die Lebenslust, das Sinnliche auch in anderen Inszenierungen zum Ausdruck kommt, vergehen noch mehrere Jahre. Zunächst vollzieht sich ein Wandel in der Bühnengestaltung, der von *Alfred Roller*, Lehrer und später Direktor der Wiener Kunstgewerbeschule und der der Wiener Sezession sehr ver-

bunden war, bewirkt wird. Zusammen mit *Gustav Mahler*, der von 1897–1907 Direktor der Hofoper in Wien war, versuchen beide 1905, dem »Don Giovanni« in Wien ein neues Gesicht zu geben.

Roller versuchte Inhalt und Dekoration in Einklang zu bringen. Sowohl Bühnenbild, Inhalt, Dichtung und Inszenierung sollten sich entsprechen. Die üblichen Atelierdekorationen, also eine Bildgestaltung lehnt er ab und kommt zu einer Raumgestaltung. Gemalte Leinwände waren passé, »er baute seine Bühnenräume mit Podesten und plastischen Teilen an den Seiten und im Hintergrund und mit dem neuen und wichtigsten Hilfsmittel: mit Licht«.[68]

Seine neue Konzeption der Bühne, d. h. turmartige plastische Vorbauten statt der bisher üblichen Seitenkulissen, die den feststehenden seitlichen Rahmen bildeten, der Hintergrund flächenhaft und stilisiert gemalt, um den Personen im vorderen Bühnenraum »Reliefcharakter« zu geben und sie besser hervortreten zu lassen, also eine »Überwindung des Bildhaften zugunsten eines wirklichen Raumerlebnisses ist die revolutionäre Tat Rollers in dieser Inszenierung«.[69] Damit wird der Mensch als »sinnliche Realität« greifbar. Don Giovanni ist die Welt und nicht mehr Symbol für eine Welt. Das Schlußsextett läßt *Mahler* aber weg.

Eine genaue historische Rekonstruktion war bei keiner Inszenierung um die Jahrhundertwende geglückt, jedoch war es gelungen, sei es durch die Interpretation durch den Sänger, sei es durch die neue Raumgestaltung mit ihrem Reliefcharakter, Don Giovanni als den »Sinnenmensch« und positiven Helden darzustellen, wie er *Mozarts* Vorstellung entsprochen hat.

Zur Zeit des ersten Weltkrieges und danach geraten Gesellschaftsordnungen durch den wirtschaftlichen Zusammenbruch ins Wanken. Durch den Verlust an Orientierungspunkten (Wertnormen bezogen auf Kirche, Kaiserreich, Nation, Familie), die zu einer Identitätskrise bei einer breiten Schicht der Bevölkerung führten, kam es im künstlerischen Bereich zu einer Suche nach neuen Ausdrucksmöglichkeiten, entweder um ein Gegengewicht zu Althergebrachtem zu schaffen, oder um ein Spiegelbild des herrschenden Chaos zu geben, um deren Bewältigung man sich auch mit künstlerischen Mitteln bemühte.

Was die Don-Giovanni-Inszenierungen betrifft, so wird die Tendenz zum Emotionalen hin weiter verfolgt, aber Emotionalität wird derart übersteigert, daß sie sich in glühender Leidenschaft, in einem totalen Sinnenrausch entlädt, der alles andere sich unterordnet.

Den Erfahrungen im 1. Weltkrieg, der ständigen Konfrontation mit dem Tod, setzt man die übersteigerte Lebenslust entgegen, die dem Tod noch in der Komturszene zu trotzen wagt. Den Gedanken an den Tod versucht man durch eine hektische Betriebsamkeit beiseite zu schieben, aber dadurch erscheint er nur um so drohender. Diese Übersteigerung kennzeichnet alle Inszenierungen.

Die Neuinszenierung von *Ernst Lert* 1917 in Leipzig war die erste, die diese Tendenzen sowohl in der Gestalt des Don Giovanni wie auch im Bühnenbild, in den Farben, den Bewegungen der Sänger, widerspiegelt. *Ernst Lert* bezog sich

bei seiner Interpretation auf eine Don-Juan-Analyse von *Sören Kiergegaard* aus dem Jahre 1843, der in Don Juan die »Inkarnation« des Dämonisch-Sinnlichen sieht. *Lert* setzt diesen Begriff synonym mit »dämonischer Sexualität« und gestaltet nicht nur den Don Giovanni, sondern die ganze Inszenierung von diesem Aspekt her. So steht bei *Lert* »die Sinnlichkeit als das Beherrschende im Mittelpunkt der Darstellung, die wir mit Lerts eigenen Worten am besten als ›ausbrechend‹ und ›realistisch‹ bezeichnen dürfen«.[70]
»Unter Blitzen und Donnern singt Giovanni im Fieberparoxismus:

Es faßt, zerreißt die Seele mir,
zerfleischet mich mit wilder Gier,
Doch ich muß ohne Beben
Der Hölle widerstehn!
(Er reißt wahnsinnig Dolch und Degen heraus)
Heran, ihr Teufel kommt heran,
Ich wage meine Seele dran,
Ich trotze Eurem Wüten ohn' Reue
bis zum Tod!

Nun schlägt der Blitz des Gewitters ein, auf dem ›Ah!‹, welches er drei Takte hält, brüllt Giovanni gewaltig auf, bis sein Schrei im Einschlage erstickt, während über ihm und dem im feigen Kontrast zu Giovannis Trotz winselnden Leporello das Haus als schwarzes Chaos einstürzt.«[71] Der Schrei, ausgedehnt von 1 Takt auf 3 Takte, wird zum »Zielpunkt des dramatischen Ablaufs«.
Die Dekoration bzw. der gesamte Bühnenraum werden dieser Tendenz untergeordnet. Bei der *Lert*schen Inszenierung drückt sich die Verherrlichung der Sinnlichkeit zunächst nur in einem ungeheuren Blütenmeer der Bäume[72] aus, aber in den Entwürfen von *Rochus Gliese* von 1921 »schwingt bereits die heftigste Erregung, die breite Treppe, die Türen, die Wege und Büsche drehen sich, rollen sich ineinander, werden aufgefaltet und wirbeln um einen unsichtbaren Mittelpunkt. Alles ist aufgelöst in Licht, Luft und Farbe, darin die Linien in unaufhörlich kreisender Bewegtheit tanzen. Aus dem Tanz werden alle Formen entwickelt, das Bewußtsein der tänzerischen Bewegung . . . bestimmt die rhythmische Gestalt auch des Bühnenbildes. Die sinnliche Faszination, die vom tanzenden menschlichen Körper ausgeht, wird bestimmend für den Bühnenraum. Linie, Farbe und Raum werden sichtbar gemacht als in die Umwelt projizierter Ausdruck der menschlichen Körperspannung«.[73]
Für *Max Slevogt*, der 1924 in Dresden die Dekorationen entwirft, sollte der Saal eine »Verkörperung der Lebensfreude« des Don Giovanni geben. Er zog einen überquellenden Barock vor, den er erfand, um das Ganze möglichst zeitlos zu halten.
Es wird also ein Stil erfunden, der der »üppig-ausladenden Formensprache des Barock« mit ihren »rundschwellenden Linien« ähnelt, um so am besten der rauschhaften Sinnenlust zu entsprechen.
Das »dramma giocoso« wurde 1923 in Berlin wieder zum Leitgedanken der ganzen Inszenierung, zu deren Bühnengestaltung der Architekt *Hans Poelzig*

geholt worden war. Poelzigs Idee war: »Architektur und Vegetation ineinander überzuführen, d. h. Bäume zu ornamentalen Konturen zu fassen und Architektur auszuspritzen, in den Linien Mozartscher Musik sich bewegen zu lassen.«[74]
Zum Idealbild der Inszenierung wird die Wirrnis der Leidenschaft, alles dreht sich um den in »rastlosem Rausch« sich »verglühenden« Don Giovanni, ohne ein Moment von tragischer Größe spürbar werden zu lassen.
»Giocoso« wird um 1920 als »übermütig, heiter« verstanden (der Streit um den Untertitel »tragisch« oder »komisch« füllt übrigens in den Jahren um 1910 eine ganze Literatur), das »dramma« wird aber verbunden mit der Bedeutung des Dämonischen, so daß die Idee des »Dämonisch-heiteren« Don Giovanni beherrscht, »der in übermütigem Taumel alles in den ungeheuren Wirbel der Leidenschaft reißt und auf dem Höhepunkt der Oper mit sich fortschwemmt«.[75]
Das Streben nach Ausdruck, das als charakteristisch für alle Vorstellungen nach dem 1. Weltkrieg herausgestellt werden kann, wird hier am deutlichsten betont.
1928 dagegen wurde in der von *Otto Klemperer* in der Kroll-Oper (vgl. hierzu Punkt 2.1. S. 9) aufgeführten Inszenierung der sinnliche Überschwang durch ein kaltes und klares Bild, gezeichnet von Härte und »Glashaftigkeit« abgelöst. »Die Beeinflussung durch den Stil der Kroll-Oper ist ganz eindeutig: in dieser Dekoration könnte ebensowohl eine Strawinsky-Oper wie ein Werk von . . . *Arnold Schönberg* spielen. Die moderne, die aktuelle Gegenwart hat auch vom Don Giovanni wieder Besitz ergriffen und wandelt sein Gesicht.«[76]
Mit dieser letzten Inszenierungsform von 1928 endet die Darstellung der von *Bitter* ausgewählten Aufführungen, die er als eine Art Idealinszenierung der einzelnen Epochen aus verschiedenen Aufführungen zu rekonstruieren versucht hat, um aus ihr die wesentlichen Züge ablesen zu können, die frei von allen »augenblicklichen Zufälligkeiten« erscheinen sollten. Das erreichte er dadurch, daß er mehr die »treibende Idee« des Intendanten und des Bühnenbildners hervorhob, als auf die tatsächliche Aufführung allzusehr einzugehen.

Über die Inszenierungsformen des Don Giovanni während des 3. Reiches soll hier nur soviel gesagt werden: Er diente auch zu dieser Zeit häufig als Eröffnungsvorstellung, wurde mit Festakten verbunden, um die Macht und die kulturellen Bestrebungen zu demonstrieren. Er hatte also an Beliebtheit nichts eingebüßt.

Daß sich darüber hinaus, auch nach 1945 bis in unsere Tage weder die Oper allgemein, noch die Inszenierungsform des Don Giovanni gewandelt hat, sollen die von uns erlebten Aufführungen – in der Berliner Oper und die vom ZDF ausgestrahlte Aufführung aus dem Prager Ständetheater, dem ehemaligen Gräflich Nostizischen National-Theater – zeigen.
Unserer Auffassung nach handelte es sich in der Berliner Oper um eine mystische, weil dunkle, von viel Pathos, aber wenig Natürlichkeit getragene Aufführung.

Der Darstellungsstil war uneindeutig, Bauern verhielten sich gleichermaßen gesittet wie Don Giovanni oder Don Ottavio. Die Kostüme trugen das ihrige zur Verwirrung bei: Leporello war kaum von seinem Herrn zu unterscheiden, ebenso die Bauersfrauen von Elvira oder Donna Anna. Weder von einem »Sinnenrausch« noch von einer dämonischen Sexualität war etwas zu spüren. Don Giovanni faßte keine Sängerin irgendwo an, außer an der Hand, um z. B. Zerlina mit sich zu ziehen. Als einen Frauenfrevler konnte man ihn wahrlich schlecht identifizieren.

Die Dekorationen waren sehr einfach. Den Rahmen links und rechts bildeten »Bäume«, mal rechts die Hausfront des Komturs, mal auf der linken Seite ein Balkon. Dominierend waren die Bilder mit der Mittelachse von vorne nach hinten, die mal von einem Brunnen in der Mitte aus nach hinten zu einem schmiedeeisernen Tor führte, oder mal seitlich von Bänken und Bäumchen in Töpfen flankiert wurde. Auch bei den Schülern scheint sich dieses Bild am ehesten eingeprägt zu haben, da ihre Zeichnungen am häufigsten das Bild mit dem Mittelweg wiedergaben.

Der Festsaal war nur gekennzeichnet durch einen langen Tisch, umstellt von Stühlen, die für die Nachtmahlszene aus unerfindlichen Gründen ausgetauscht wurden. Bei der Friedhofsszene stand die steinerne Figur auf einem Grabstein und die Stimme des Komturs ertönte von hinten; die Erscheinung des »steinernen Gastes« am Ende des 2. Aktes wurde jedoch nur durch eine tiefe Stimme, jetzt von oben hallend, charakterisiert.

Der »Höllensturz« Don Giovannis (er verschwindet nach unten) wurde durch elektronische Blitze begleitet. Das Überirdische wird entpersonifiziert, es sollte möglicherweise gewaltiger wirken, aber durch die künstlich wirkenden Blitze wirkte es auf uns eher lächerlich.

Wir hatten eine Inszenierung erlebt, die weder unserer Zeit entsprach, noch den Versuch einer historisch getreuen Wiedergabe erkennen ließ. Zumindest in der Gestalt des Don Giovanni, die mit seinen charakteristischen Zügen der Sinnenlust und Lebensbejahung die Aufführungen seit *Ernst von Possarts* Versuchen bis 1924 geprägt hatten, hätte eine historische Rekonstruktion gewagt werden können.

Daß diese Entsexualisierung Don Giovannis allgemeiner Auffassung in Deutschland zu entsprechen scheint, beweist die Fernsehübertragung des Don Giovanni am 20. November 1977, dem Totensonntag!!

Das Ende Don Giovannis wurde hier sehr anschaulich dargestellt; viele lodernde Flammen huschten über den Bildschirm, während Don Giovanni in dem Saal sich über längeren Zeitraum hin krümmt und wendet, bis er schließlich auf den Boden stürzt. Der »steinerne Gast« war so überdimensional groß als Attrappe erschienen (ein Sänger sang aus der Kopfbedeckung heraus), daß der todbringende Händedruck nicht möglich war.

Eine der 2. Hälfte des 20. Jahrhunderts angepaßtere Darstellung war unserer Meinung nach mit den Bäuerinnen versucht worden. Sie waren moderner gekleidet und kokettierten mit Don Giovanni, daß man eher an Starletts der 50er

Jahre denken mußte als an Bäuerinnen der Rokokozeit. Zerlina, die Braut dagegen, war üppig gekleidet, wie auch in der übrigen Dekoration das »barocke« Element sich zeigte.
Ähnlich wie *Max Slevogt* 1924 einen eigenen Barockstil erfindet, um dem Weltgefühl des Stücks zu entsprechen, gebraucht auch *Rennert* ein barockes Element – nicht um historisch getreu gestalten zu können (das Barock war zur Zeit *Mozarts* auch schon längst abgeschlossen) –, sondern um dem »alle Grenzen sprengenden Weltgefühl« und damit *seiner* Interpretation der Gestalt Don Giovannis gerecht zu werden. Der ursprünglichen, *Mozart*schen Inszenierung aber wird *Rennert* ebensowenig gerecht wie alle anderen vor ihm.

Um beurteilen zu können, was die Auslegung *Rennerts* vom »Mozartschen Kosmos«, das jedes historische Etikett verbiete, für zukünftige Don-Giovanni-Inszenierungen bedeutet, genügt es nicht, die ganze Reihe der hier dargestellten Inszenierungen in ihrer mehr oder weniger geglückten Form zu betrachten, sondern man muß ganz entschieden dabei berücksichtigten, welchen Funktionswandel die Oper seit Prag 1787 durchgemacht hat, welches Publikum heutzutage sich einen Don Giovanni in der Oper anhört, wie die gesamtgesellschaftliche Situation ist, welche Bedeutung – wieviel und für wen –, die Oper in unserer Zeit noch hat, und in welchem Verhältnis sie zum finanziellen Aufwand steht.

Wenn man außerdem noch an das denkt, was *Adorno* sagte (vgl. hierzu Kap. 2.2 S.15) und was wir auch durch das Interview der Schüler herausgefunden zu haben glauben, nämlich, daß es nur ein verschwindend kleiner Prozentsatz des Publikums sein kann, der fachlich qualifiziert genug ist, um in einen optimalen Genuß der Oper zu kommen, so nehmen wir an, daß der Großteil des Publikums wohlwollend reagiert, weil man *Mozart* und seiner Musik die Ehre schuldig zu sein glaubt, oder daß das Publikum eine Neuinszenierung ablehnt, weil es emotional an traditionelle Vorstellungen gebunden und nicht genug über fachliches Urteilsvermögen verfügt, um einen aus dem Gewohnten heraustretenden Versuch als einen mutigen Vorstoß entsprechend zu würdigen.
Erst wenn wir diese ganzen Überlegungen miteinbeziehen, können wir beurteilen, ob diese Art der Inszenierungen, solange es sich um die Aufführungen alter Opern handelt, dem Großteil der Bevölkerung gerecht werden kann.
Wir sind der Meinung, daß die Oper nur eine neue und sinnvolle Funktion bekommen kann, wenn sie sich nach genauem Studium der Urfassung des Stücks, dem politischen, ökonomischen, kulturellen und gesellschaftlichen Hintergrund seiner Entstehungszeit, den Biografien des Texters und Komponisten, die eng im Zusammenhang zu sehen sind mit den genannten Faktoren und der gesellschaftlichen Stellung der auftretenden Personen, darum bemüht, eine möglichst historisch getreue Inszenierung zu erreichen. »Historisch« nicht in dem Sinne, daß jedes Detail, der Theatersaal, die gleichen Dekorationen etc. etc. völlig übereinstimmend der Vergangenheit nachkonstruiert werden, son-

dern insofern, daß der »Zeitgeist« *Mozarts,* seine Vorstellungen, sein Wollen, das geprägt ist durch *seine* Zeit, wieder erlebbar wird.
Das bedeutet, daß ein Don Giovanni so dargestellt wird, wie er von *Mozart* angestrebt wurde, daß das Verhältnis zur Sexualität, das Verhältnis zum Tod und zum Überirdischen so zum Ausdruck kommt, wie es *Mozarts* Absicht bzw. seiner Zeit entsprach und nicht unseren gegenwärtigen Einstellungen entsprechend verändert und damit die Musik, schlichtweg alles an dieser Oper vergewaltigt wird und das Zeit- und Sozialkritische unter den Tisch fällt. Das würde ebenfalls erfordern, daß die Oper in ihrer Struktur wieder zur Oper *Mozarts* werden müßte, also weder Singspiel, Singdrama oder musikalisches Drama etc. etc., wie wir sie im Laufe der Geschichte der Inszenierungen gesehen haben, sein dürfte.
Nachdem der historische Hintergrund in allen Aspekten als Voraussetzung nach möglichst objektiven bzw. materialistischen Gesichtspunkten erarbeitet wurde, könnte die heutige Oper die Aufgabe übernehmen, einen historischen Zeitabschnitt in ihrer kulturellen Widerspiegelung, nämlich der historischen Form der Oper, so wiederzugeben, daß sie geschichtsdarstellende und damit bildenden bzw. aufklärerischen Charakter bekäme, wenn sie gleichzeitig die Bedeutung der Oper für das historische Publikum und für das gesamte gesellschaftliche, politische und kulturelle Leben der Vergangenheit mitreflektiert (z. B. in Form eines Vortrags).
»Wenn« – wie *Hauser* schreibt – »das Ziel der Geschichtsforschung das Verständnis der Gegenwart ist – und was könnte es sonst sein?«[77], dann könnte auch die Oper einen, nämlich *ihren*, ihrer Kunstgattung entsprechenden Beitrag leisten, die Gegenwart besser zu verstehen. Sie müßte aber unserer Meinung nach Unterstützung finden durch andere Veranstaltungen wie Konzerte, Theater, Filme, Ausstellungen, durch Öffentlichkeitsarbeit wie Presse, Fernsehen, mit dem Einsatz aller geeigneten Medien, um den historischen Hintergrund in seiner ganzen Breite und Differenziertheit den Menschen nahe zu bringen.
Wir glauben, daß damit für ein größeres, vielschichtigeres Publikum Identifizierungsmöglichkeiten geschaffen werden würden, wodurch es eher die geschichtliche Problematik nachvollziehen könnte. So gesehen, hätte die Oper dann eine positive Funktion kulturellen Handelns.

4. Die Unterrichtseinheit

4.1 Didaktische Vorüberlegungen

Bei der Planung der Unterrichtseinheit gingen wir von der Erkenntnis aus, daß der wesentliche Teil des Unterrichts nicht im Unterricht selbst, sondern vielmehr im Kopf des Lehrers stattfindet, bevor er real Unterricht hält. Dieser geistige Prozeß läßt sich in drei Phasen gliedern:

1. Wahl des Unterrichtsgegenstandes
2. Analyse des Gegenstandes in objektiver Gestalt
3. Analyse der Form des Gegenstandes, wie er sich im Bewußtsein der Schüler darstellt.

Diese drei Phasen gliedern sich zwar scheinbar logisch in der obigen Reihenfolge, sie setzen sich jedoch gleichzeitig gegenseitig voraus. Man könnte auch sagen, sie stehen in einem dialektischen Verhältnis zueinander. Um z. B. die Wahl des Unterrichtsgegenstandes entscheiden zu können, muß er zumindest in allgemeiner Weise auch nach Punkt 2 und 3 bestimmt sein; d. h. eine annähernde Objektivität des Gegenstandes muß gewährleistet sein, was voraussetzt, daß das eigene Bewußtsein in bezug auf den zu behandelnden Unterrichtsgegenstand kritisch überprüft worden sein muß. Außerdem müssen anhand des Einzugsgebietes der Schule, der sozialen Herkunft der Schüler etc. Vermutungen darüber angestellt werden können, wie konkret oder wie diffus der Unterrichtsgegenstand im Bewußtsein der Mehrheit der Schüler vorhanden ist, um zunächst die Wahl richtig zu treffen.

Später bedarf es dann einer genauen Feststellung des Schülerbewußtseins, um die Unterrichtseinheit den Schülern entsprechend planen und durchführen zu können. Dieser Drei-Phasen-Prozeß wurde bereits im Vorwort kurz skizziert:

- wie wir zum Thema »Oper« kamen,
- die Reflexion und Abklärung unseres eigenen Opernbewußtseins in Zusammenhang mit Punkt 1 und 2,
- unsere – noch ganz allgemeinen – Vermutungen über das Schülerbewußtsein in bezug auf Oper.

Zur Analyse des Unterrichtsgegenstandes in seiner objektiven Gestalt diente uns zunächst ein Faktenwissen, das aus einem »brain-storming« entstand und durch weiteres Material ergänzt wurde bis es durch intensivere Untersuchungen sowohl vor der konkreten Stundenplanung, als auch parallel zu der Zeit der gesamten Unterrichtseinheit für die Gestaltung des Unterrichts ausreichte.

Der weitere Prozeß der Unterrichtsplanung, nämlich die 4. Phase, läßt sich als die didaktische Umsetzung des Unterrichtsgegenstandes bezeichnen, der in diesem Teil behandelt wird.

In diese 4. Phase geht das Resultat der ersten drei Phasen ein, insbesondere die Differenz des Unterrichtsgegenstandes in seiner objektiven Gestalt und der

Darstellung des Unterrichtsgegenstandes im Bewußtsein der Schüler (Punkt 2 und 3). Aus der Differenz der zwei Punkte, also der unterschiedlichen Darstellung des Unterrichtsgegenstandes im Kopf des Lehrers und in den Köpfen der Schüler, ergibt sich die Bestimmung der didaktischen Strukturierung des Unterrichts, der Unterrichtsformen und der Medien.[78]
Die 4. Phase der Unterrichtsvorbereitung, in der sich auch die Intentionen und Lernziele durch das Auseinanderfallen von 2 und 3, also Lehrer- und Schülerbewußtsein, ergeben, lieferte uns den Gesamtrahmen für unsere Unterrichtseinheit, in dem die Stundenplanungen im einzelnen und der weitere Verlauf der gesamten Unterrichtseinheit stark von der Auswertung der vorhergegangenen Stunde mitbestimmt wurden. Dadurch konnten Motivation, Verhalten und Erkenntnisse der Schüler weitgehend mitberücksichtigt werden und unmittelbar in die Planung der nächsten Stunden miteinfließen. Dieser sich ständig abwechselnde Prozeß von Reflexion und Planung kann im folgenden nicht als solcher dokumentiert werden, sondern soll der größeren Übersicht wegen gegliedert werden in:

- Planung
- Durchführung
- Auswertung.

Planung und Auswertung unterteilen sich dabei wieder in Gesamtplanung und Stundenplanung und Stundenauswertung und Gesamtauswertung.

Intentionen und Lernziele

Intentionen:
- Die Schüler sollen Kriterien erlangen, die ihnen die Möglichkeit geben, die »Oper« als Kunstform und als Sozialform einschätzen zu können.
- Den Schülern soll die Entstehungs- und Entwicklungsgeschichte der Oper ersichtlich werden.
- Den Schülern soll der Unterschied zwischen der Uraufführung einer Oper vor etwa 200 Jahren am Beispiel des Don Giovanni und deren heutiger Aufführung am Wandel der Inszenierungsform deutlich werden.
- Die Schüler sollen erkennen, daß die Oper als Teilbereich der Kunst eine Ware ist, die konsumiert wird.
- Die Schüler sollen erkennen, daß sich seit dem Feudalismus der soziale Stand des Künstlers verändert hat, er ist nicht mehr nur abhängig vom Auftraggeber, sondern ist Warenproduzent geworden und somit vom Markt abhängig.
- Die Schüler sollen erkennen, daß der Erhalt der Opernhäuser von jeher eine Menge Geld erforderte.
- Den Schülern soll ersichtlich werden, daß die Finanzierung der Opernbühnen und -stars früher von reichen Adligen und reichen Bürgern (Mäzenen) über-

nommen wurde, daß heute Defizite vom Staat aus Steuermitteln der Allgemeinheit gedeckt werden.

- Die Schüler sollen erkennen, daß zwischen der »herrschenden« Kunst und der sozialen Zusammensetzung des Publikums eine Korrelation besteht, daß nur ein sehr geringer Bruchteil der Bevölkerung das »potentielle Opernpublikum« ausmacht, daß Arbeiter, obwohl sie ca. 50 % der Bevölkerung bilden, kaum dazu zu rechnen sind.
- Die Schüler sollen Kenntnisse über die soziale Zusammensetzung unserer Gesellschaft erhalten.
- Die Schüler sollen erkennen, daß zwischen dem Großteil der Konsumenten von Opernmusik und von Popmusik insofern kaum Unterschiede bestehen, als beiden Personenkreisen keine detaillierten Kriterien für ihren Musikkonsum bewußt sind.

Lernziele:

- Die Schüler führen die inhaltliche Vorbereitung des Stückes »Don Giovanni« in Form eines Rollenspiels durch, damit sie sich mit einer Person des Stückes identifizieren können.
- Die Schüler zeichnen die Bühnenbilder, um sich visuell nochmals zu vergegenwärtigen, welche Schwierigkeiten bei der Inszenierung auftreten können.
- Die Schüler suchen Alternativen zum Bühnenbild, um ihre kreativen Fähigkeiten weiter zu entwickeln.
- Die Schüler zeichnen Kostüme der Darsteller.
- Die Schüler zeichnen Opernbesucher z. B. während der Pause.
- Die Schüler spielen nach dem Opernbesuch die 1. Szene des Stückes in play-back nach, weil sie vermutlich dabei Spaß haben werden und weil das Zusammenwirken und die Behinderung der drei an der Oper beteiligten Kunstformen so am besten erkannt werden können.
- Die Schüler führen Interviews mit Opernpublikum durch.
- Die Schüler interviewen Menschen in ihrem Wohnbezirk über die Häufigkeit des Opernbesuchs.
- Die Schüler können ihre Eindrücke vom eigenen Opernbesuch detailliert beschreiben und auch begründen.
- Die Schüler kennen die wichtigsten mit der Kunstform Oper in Zusammenhang stehenden Fachausdrücke.
- Die Schüler kennen die wesentlichen Merkmale der Kunstform Oper.

4.2 Planung des Unterrichtsprojekts

Bezüglich der Meinungen, Einstellungen und Kenntnisse der Schüler zum Thema »Oper« konnten wir zwar auf einige allgemeine Ergebnisse der Rezeptionsforschung zurückgreifen, waren aber ansonsten zunächst auf Vermutungen angewiesen. Wir gingen davon aus, daß diese sich bereits in der ersten

Phase des Unterrichts relativieren bzw. korrigieren ließen, soweit sie nicht den tatsächlichen Verhältnissen entsprachen.

Für die Planung des Projekts vorausgesetzt bzw. zugrunde gelegt wurden schließlich folgende Überlegungen:

- Die Schüler bevorzugen aktuelle Musikarten wie z. B. Schlager- oder Popmusik.
- Aufgrund der sozialen Struktur des Einzugsbereichs dieser Realschule sind in der Elternschaft nicht die potentiellen Operngänger zu finden, deren Kinder dann bereits für die Kunstgattung Oper offen sind.
- Die Schüler werden der inhaltlichen Thematik einer Oper eher ein Desinteresse entgegenbringen und werden kaum fähig sein, eine heutige Operninszenierung zu verstehen.
- Sie werden vermutlich auch Mühe haben, die Operntexte zu verstehen.
- Nur eine geringe Anzahl der Schüler dieses Kurses wird jemals eine Opernaufführung gesehen und gehört haben. Falls das dennoch zutreffen sollte, vermutlich nicht im Opernhaus, sondern am Fernsehapparat.
- Die äußeren Bedingungen und Umstände einer Opernaufführung (z. B. Kleidung und ein entsprechendes Verhalten, das vom Opernpublikum erwartet wird), halten die Schüler eher davon ab, das Bedürfnis zu entwickeln, eine Opernaufführung in einem Opernhaus zu erleben.

Aufgrund unserer Vermutungen, daß die meisten Schüler weder »live« noch im Fernsehen eine Oper erlebt haben, diese aber dennoch in irgendeiner Form in ihrem Bewußtsein existiert, mußte konsequenterweise ein Opernbesuch als ein wichtiger Bestandteil der Unterrichtseinheit miteingeplant werden.

Wegen der Schwierigkeit, so viele Karten auf einmal für eine Vorstellung zu bekommen, mußten wir den Opernbesuch lange vor Beginn der Unterrichtseinheit festlegen. Dadurch ergab es sich auch, daß wir die Oper »Don Giovanni« zu sehen bekamen. Um diesen einzigen festgelegten Termin herum mußten wir die Unterrichtseinheit planen.

Für uns stand fest, daß eine Vorbereitung auf die Oper im allgemeinen und im konkreten notwendig sei, daß also die Unterrichtseinheit nicht direkt mit dem Opernbesuch beginnen dürfe.

Zwei weitere außerschulische Erlebnisse, nämlich die Besichtigung des Operngebäudes mit seinen Bühnen, Werkstätten, Archiven und Garderoben, sowie das Interview des Opernpublikums waren zu Anfang noch nicht fest geplant. Der Besuch des Opernhauses konnte relativ kurzfristig über einen uns bekannten Bühnenbildner arrangiert werden, nachdem wir selbst anhand von historischen Darstellungen die immensen Ausmaße eines Opernhauses begriffen hatten und wir es für angebracht hielten, den Schülern einen Blick »hinter die Kulissen« zu ermöglichen, um ihnen den für eine Opernaufführung notwendigen räumlichen, zeitlichen und materiellen Aufwand sinnlich erlebbar werden zu lassen. Durch diese Besichtigung sollten sie zu einer eindeutigeren Antwort auf die Frage nach der Relation von dem Gebrauchswert einer Oper und dem dafür betriebenen Aufwand gelangen können.

Das Interview erschien deshalb als notwendig, weil bei dem Opernbesuch des Don Giovanni nur unklare Vermutungen über das Opernpublikum. gesammelt werden konnten und es sich von daher empfahl, die Schüler ein Interview durchführen zu lassen, das zwar auch nicht repräsentativ sein konnte, aber dennoch allen Schülern die Möglichkeit gab, weitaus größere Schlüsse zu ziehen in bezug auf das Alter, die Schichtzugehörigkeit bzw. soziale Zusammensetzung des Opernpublikums, dessen Motivation in die Oper zu gehen und ein etwaiges Fachwissen.
Diese drei genannten außerschulischen Erlebnisse innerhalb der Unterrichtseinheit sollten vor allem dazu dienen, die Oper als soziale Tatsache in unserer Gesellschaft kennen und kritisch einschätzen zu lernen. Sie sollten die Schüler zu einem Problembewußtsein bringen, das sie die Notwendigkeit erkennen läßt, sich mit der Oper zu beschäftigen, auch wenn es sich dabei nicht um eine für sie adäquate Kunstform handelt.
Die vier Wochenstunden, die uns zur Verfügung standen, mußten zum großen Teil für eine Vor- und Nachbereitung der oben genannten Besuche genutzt werden. Weitere Stunden dienten dazu, um konkrete Angaben über das Schülerbewußtsein in bezug auf die Oper zu erhalten und um Wissen zu vermitteln.

4.2.1 Überlegungen zur Einführungsstunde

Unsere Vermutungen über das Schüler-Bewußtsein in bezug auf Oper resultierten aus unseren Überlegungen über den Einzugsbereich der Schule, die soziale Herkunft der Schüler, ihr Freizeitverhalten und das ihrer Eltern.
Der Einzugsbereich der Schule liegt in Reinickendorf, inmitten einer dicht bewohnten Gegend, nahe bei der Maschinenfabrik Borsig-Walde, in der auch ein Teil der Eltern arbeitet. Einige der Schüler kommen aus dem Märkischen Viertel. Einfamilienhäuser und Villen gibt es im ganzen Bezirk kaum. Wir konnten also annehmen, daß die Eltern zum Teil Arbeiter, Angestellte oder kleinere Beamte sind, die allein schon wegen der hohen Preise für Opernkarten und der frühen Anfangszeiten (19 Uhr!) nicht oder nur selten in der Oper waren.
Wie konkret aber die Oper sich im Bewußtsein der Schüler wirklich darstellt und welche Erwartungen sie an die Oper haben, sollte anhand eines Fragebogens festgestellt werden. Die Fragen sollten so gehalten sein, daß die Schüler durch Überlegungen ihre Meinung herausfinden mußten. Gleichzeitig sollte bei den Schülern eine Erwartungshaltung erzeugt werden, und zwar in bezug auf den bevorstehenden Opernbesuch, insbesondere auf das Publikum, die Atmosphäre, die Musik und die gesamten optischen Eindrücke.
Ein weiterer Fragebogen sollte darüber hinaus ein Überblickswissen vermitteln. Anhand von Fakten zur Geschichte der Oper, der Anzahl und Größe von Opernhäusern in der Bundesrepublik, zur Finanzierung, zur Anzahl der in einer Oper beschäftigten Menschen und zur Höhe der Gagen für die Sänger sollten die Schüler sich bewußt werden, daß der Oper eine weitaus höhere gesellschaftli-

che Bedeutung zukommt, als man allgemeinhin annehmen möchte. Außerdem sollten ihnen die wesentlichen Merkmale der Oper, die sie von anderen Musikformen unterscheidet, erkenntlich werden, indem sie aus verschiedenen Musikbeispielen eine Opernmusik heraushören sollten.
Methodisch sollte der Fragebogen so angelegt sein, daß die Schüler von drei zur Auswahl stehenden Antworten die ihrer Meinung nach richtige ankreuzen. Der Fragebogen hatte im Gegensatz zum Gespräch den Vorteil, daß alle Schüler beteiligt waren und besser als bei einem Unterrichtsgespräch die Meinung aller Schüler eingeholt werden konnte.

4.2.2 Planung der Vor- und Nachbereitung des Opernbesuchs

Mit der Entscheidung, den Opernbesuch als visuelles und akustisches Erlebnis nicht als Ausgangspunkt des Unterrichtsvorhabens zu nehmen, war klar, daß den Schülern Inhalt und Geschehnisse des Don Giovanni vorher bekannt sein mußten. Eine zweite und dritte Unterrichtsstunde sollte der unterrichtlichen Vorbereitung des Opernbesuchs dienen. Diese Vorbereitung sollte dazu dienen, daß

- der szenische Ablauf verständlich wird,
- die Schüler die Sänger in ihren charakteristischen Rollen erkennen können,
- die Schüler von antiquiert anmutenden Kostümen, Szenenbildern und Interieurs nicht allzusehr befremdet und von vornherein abgestoßen werden.

Besonders die Beziehungen der Personen untereinander, aus denen die Geschehnisse des Stücks resultieren, mußten klar herausgearbeitet werden, damit diese beim Opernbesuch wiederzuerkennen sind und die Schüler die Möglichkeit haben, die Ereignisse trotz der Aufführung in italienisch besser und leichter zu verfolgen. Unsere Intentionen waren, den Schülern die Aktualität der Charaktere und ihre Übertragbarkeit auf Personen aus ihrem Bekanntenkreis zu zeigen. Das erfordert, daß der Personenkreis in einem lockeren Gesprächston und grafisch an der Tafel vorgestellt werden muß; das Tafelbild der Anschaulichkeit wegen, der lockere Alltagston, um den durchaus zeitgenössisch noch bedeutsamen Kern der Thematik hervorzuheben. Das Donna vor den Namen Anna und Elvira muß weggelassen werden, um eine Identifikation mit den Personen nicht durch fremdartig klingende Namen zu verhindern.
Um die Schüler den Inhalt noch einmal aufnehmen zu lassen, ohne dabei ihre Phantasie zu sehr einzuschränken (z. B. durch den Sprachstil des Stücks) bietet sich die Möglichkeit an, sie einzelne vorgegebene Szenen anhand einer kurzen Inhaltsangabe nachspielen zu lassen, indem sie selbst die Dialoge entwickeln.
Dieser didaktische Einsatz des Rollenspiels schafft Spannungsmomente, sowohl in der Unterrichtsstunde (zuerst passives Aufnehmen des Inhalts, dann aktives Aufgreifen des Inhalts), als auch bei dem Opernbesuch, wenn die Schüler auf *ihre* einstudierte und gespielte Szene warten.
Nach dem freien, ihrer Phantasie und ihrer Sprache entsprechendem Spiel,

kann man einige Schüler noch den Originaltext auf deutsch vorspielen lassen. Der Kontrast zwischen ihrer und der »Opernsprache« wird deutlich und sie werden näher an die Oper herangeführt. Der 14. Auftritt, 2. Akt, eignet sich dafür besonders gut. Es ist der Auftritt, in dem Donna Elvira Don Giovanni noch einmal anfleht und ihn bekehren will, doch Don Giovanni übermütig und trotzend dem »steinernen Gast« selbst die Tür öffnet.

Als weitere Vorbereitung des Opernbesuchs können Beobachtungsaufträge z. B. in bezug auf Kleidung des Publikums, Pausengespräche, Bühnenbild, Bühnenmobiliar etc. an die Schüler verteilt werden. Sie helfen ihnen, ihre Eindrücke leichter zu strukturieren, und die gesamten Beobachtungen können zu einem umfassenderem Meinungsbild führen.

Am Tag nach dem Opernbesuch sollten die Schüler ihre ersten Eindrücke wiedergeben. Die verschiedenen Schüler-Äußerungen sollten so stehenbleiben und nicht in einer Diskussion oder durch eine zusammenfassende Gesamtauswertung von Seiten des Lehrers aufgearbeitet werden. Dieser Schritt sollte bewußt unterbleiben, um die Schüler nicht auf eine »allgemeingültige« Meinung festzulegen, die sie im weiteren Verlauf der Unterrichtseinheit beeinflussen würde.

Es war uns daran gelegen, ihnen die Möglichkeit einer freien Meinungsbildung durch eigene persönliche Erfahrungen zu geben. Außerdem wollten wir ja nicht zu dem Ergebnis kommen, die Oper schlichtweg als veraltet und deshalb abschaffungswürdig erklären zu müssen, sondern wir wollten Wege für Alternativformen offen halten, bzw. sollten die Elemente der Oper, die als akzeptabel und brauchbar gelten können, als solche auch erkannt werden.

Nach dem Gespräch über den Opernbesuch und nach der Verteilung des Auftrags, Interviews von dem Opernpublikum zu machen, die den Schülern helfen sollten, ihren emotionalen Eindruck in bezug auf das Publikum zu überprüfen, stellte sich uns die Frage, wie der Opernbesuch weiter aufgearbeitet werden könnte. Es fehlte noch die Aufarbeitung der inhaltlichen und künstlerischen Seite sowie der Darstellungsform des Stücks und des Bühnenbildes.

Hierzu schien es günstig, die Schüler eine Szene zu der Originalmusik rekonstruieren zu lassen (eine Art von play-back), um ihnen die Wichtigkeit, aber auch die Schwierigkeit des Zusammenwirkens von Standorten und darstellerischen Handlungen der Sänger einerseits und des Bühnenbildes andererseits zu verdeutlichen. Die gleichen Ziele konnten bei einer Rekonstruierung des Bühnenbildes angestrebt werden, so daß wir die Schüler zwischen den zwei Möglichkeiten, das Stück nachzuspielen oder das Bühnenbild zu rekonstruieren bzw. Alternativen dazu zeichnerisch zu entwickeln, wählen lassen konnten.

Nach dieser Phase jedoch ließen die Schüler spürbar in ihrem Interesse nach, und wir mußten genau überlegen, wie die Schüler wieder zu motivieren wären, was also für sie noch von unmittelbarem Interesse sein könnte und wie und wann wir das Projekt zu Ende führen wollten. Es war vorauszusehen, daß *Mozarts* Biographie und das 18. Jahrhundert in seiner kulturellen und gesellschaftlichen Erscheinungsform die Schüler wenig motiviert und das Unterrichtsprojekt

extrem lang ausgedehnt hätte, ohne die Wichtigkeit der historischen Aspekte dabei leugnen zu wollen.
Ein Teil der Schüler mußte bald ein 3-wöchiges Berufspraktikum beginnen; der Kurs wäre dann auch nicht mehr vollständig gewesen. So entschlossen wir uns, das gemachte Interview auszuwerten und danach die Besichtigung des Operngebäudes vorzubereiten, wozu wir den Termin aus organisatorischen Gründen schon festgelegt hatten.
Die Interviews sollten von allen Schülern anhand eines Arbeitsbogens ausgewertet werden, dessen Aufteilung in ein Raster eine geordnete Sammlung der Antworten des Publikums zu den fünf wesentlichsten Fragen ermöglichen sollte. Mit dieser Vorgehensweise sollte den Schülern das Abhören des Kassettenrecorders erleichtert werden. Gleichzeitig sollten alle Schüler aktiv am Unterrichtsgeschehen beteiligt werden können. Die tabellarische Zusammenfassung der Interviews sollte in einem anschließenden Gespräch ausgewertet werden.

4.2.3 Planung des Besuchs im Operngebäude

Nach der Auswertung des Opernbesuchs und der Don-Giovanni-Aufführung bot sich uns, wie bereits erwähnt, die Gelegenheit, mit den Schülern das Operngebäude zu besichtigen.
Der Besuch schien geeignet, die Schüler neu zu motivieren, da anzunehmen war, daß ihr Interesse nach der Auswertung des Interviews abflauen würde. Für die Schüler bedeutete es vorerst eine Abwechslung vom Schulalltag und eine Befreiung von den übrigen Schulstunden an diesem Tag; aber darüber hinaus auch die Möglichkeit, eine Sache aktiv in Augenschein zu nehmen und nicht nur präsentiert zu bekommen. Das sinnliche Erlebnis und die aktive Auseinandersetzung z. B. im Gespräch mit Angestellten oder dem Dramaturgen, der uns führen sollte, war für uns eine sinnvolle didaktische Möglichkeit, das Projekt aufzulockern, anschaulicher und durchsichtiger werden zu lassen.
Die Schüler sollten optisch begreifen, welcher zeitliche, bauliche und finanzielle Aufwand vonnöten ist, um eine Opernaufführung, die sie selbst erlebt, aber deren technische Voraussetzungen dazu sie nicht kannten, möglich zu machen.

Eine Vorbereitung erschien uns notwendig, weil wir den Schülern die Gelegenheit geben wollten, die Bereitschaft des Dramaturgen, uns zwei Stunden durch das Opernhaus zu führen und Fragen zu beantworten, optimal in Anspruch zu nehmen. Es war daher wichtig, daß die Schüler überhaupt wissen, was sie fragen wollen und diese Fragen in Kleingruppen vorbereiten. Durch die Gespräche in Kleingruppen und durch Anregungen von uns sollten sie motiviert werden, auch spezifischere Fragen zu stellen.
Daneben erschien es sinnvoll, daß die Schüler auch die »Opernsprache« beherrschen lernen. Begriffe wie Dramaturg, Libretto und andere mit der Oper in Zusammenhang stehende, wichtige Fachausdrücke wählten wir aus einem Opernlexikon aus und vervielfältigten sie für jeden Schüler.

Zur Aufarbeitung des Werkstättenbesuchs sollte mit den Schülern, ähnlich wie nach dem Besuch der Don-Giovanni-Oper, ein Gespräch geführt werden, diesmal nicht konsequent der Reihe nach, sondern in ungezwungenerer Form, um die Schüler das an Erinnerung und Material zusammentragen zu lassen, woran ihnen am meisten gelegen war.
Nach der Aufarbeitung mittels eines Gesprächs mit den Schülern mußten auch wir den Besuch didaktisch aufarbeiten, indem wir den Verlauf des Gesprächs für uns auswerten mußten, um daraus die entsprechenden weiterführenden Schritte zu überlegen.
Viele der Schüler waren durch den Besuch des Operngebäudes mit seinen immensen Ausmaßen und den perfektionierten technischen Einrichtungen in ihren Meinungen beeinflußt worden (vgl. dazu die Auswertung). Wir überlegten deshalb, wie wir die Schüler wieder zu einer »kritischen« (aber nicht unbedingt negativen) Einschätzung zur Oper bringen und die Unterrichtseinheit sinnvoll beenden könnten.
Das Projekt war jetzt 4 Wochen lang mit je 4 Wochenstunden gelaufen, dazu kam der Besuch der Opernaufführung. Schon von der Dauer und der Intensität her, mit der die Einheit durchgeführt worden war, war es besser, daß Projekt abzuschließen, um die Schüler nicht mit »Oper« zu überfüttern.
Eine Aufarbeitung der Geschichte der Opernhäuser und der staatlichen Subventionierung, die an dieser Stelle des inhaltlich-logischen Ablaufs wegen sinnvoll gewesen wäre, konnte zusammen mit den Schülern aus Rücksicht auf ihr Durchhaltevermögen nicht geleistet werden.
Für die 2 letzten Stunden nahmen wir uns vor, konkretes Zahlenmaterial zu besorgen, das den Schülern zur Information dienen sollte. Um ihnen Gelegenheit zu geben, zu einer umfassenden Reflexion des Ganzen zu kommen und um für uns ein auswertbares Ergebnis zu erhalten, wollten wir Fragen ausarbeiten, die auf die erlebten und vermittelten Erkenntnisse Bezug nehmen und zu denen sie schriftlich Stellung nehmen sollten.
Ein in der »Rias-Illustrierten« gesendetes Hörspiel »Papa, Charly hat gesagt . . .«, das wir mitgeschnitten hatten, schien uns sowohl vom methodischen Einsatz als auch vom Inhalt her geeignet, Dekanstöße für die Reflexion und die Beantwortung der Fragen zu geben und der Abrundung des Projektes zu dienen.
Die gelieferten Fakten und das Hörspiel sollten die Schüler zu einer distanzierteren und folglich kritischeren Stellungnahme zur Oper veranlassen.

4.3 Durchführung der Unterrichtseinheit

4.3.1 1. Phase

Die Schüler erfuhren zunächst das Thema der nächsten Zeit. Der geplante Opernbesuch und dessen Datum wurde ihnen mitgeteilt. Als erste spontane Reaktion tauchte die Frage auf, in welcher Kleidung sie in die Oper gehen sollen.

Der erste Fragebogen wurde ausgeteilt (vgl. S. 52) und, nachdem die Schüler ihn erst einmal durchgelesen hatten, im Ankreuzverfahren von allen beantwortet. Das ging sehr schnell, denn die richtigen Zahlen konnten ohnehin nur vage vermutet werden. Danach wurden die angekreuzten Zahlen abgefragt und an der Tafel tabellarisch festgehalten. Dadurch entstand ein Meinungsbild, das mit den richtigen Zahlen konfrontiert wurde. Die meisten Schüler reagierten besonders auf die Stargage und den Opernetat überrascht und kritisch. Ein Schüler zog sofort das Gehalt seines Vaters zum Vergleich heran. Vom Lehrer wurden zu den Zahlenangaben weitere Ausführungen gemacht und entsprechende Zusammenhänge erläutert. Bei diesem Gespräch wurden auch Vergleiche zu dem Interessenbereich vieler Schüler gezogen; z. B. wurde die Gage eines Opernstars mit der eines Popstars verglichen.

Daraufhin wurde der zweite Fragebogen von allen ausgefüllt, der sich in erster Linie auf ihre Erwartungshaltung bezog (vgl. S. 53). (Vgl. hierzu auch Abb. 27 und 28.)

Zu Punkt 6 des 2. Fragebogens wurden den Schülern sechs Ausschnitte aus Musikstücken vorgespielt:

1. Beethovens »Albumblatt für Elise«
2. »Summertime« (Gershwin) – aus dem Musical »Porgy and Bess«
3. »Tommy« aus der Rockoper »Tommy« (The Who)
4. »Aquarius« aus dem Musical »Hair«
5. »Das Requiem« von Mozart
6. Der Anfang der Ouvertüre zur »Zauberflöte«

Ausschnitt 5 hielten einige Schüler für ein Stück aus einer Oper. Eine Schülerin meinte: »Mir wird ganz kalt auf einmal.« Ein Schüler: »Wenn ich mir das ganze Zeug am Mittwoch (dem Tag des Opernbesuchs) anhören muß, flippe ich aus.« Weitere Schüleräußerungen zu den anderen Fragen sollen im folgenden zitiert werden.

Zu **Frage 3**:
»Die Damen tragen Nerzstolen.«
»Man sieht viele lange Kleider.«
»Viele Damen tragen Samtkleider.«
»Sie haben Handtaschen mit goldenen Ketten.«
»Die Herren haben einen Schlips um und einen schwarzen Anzug an.«

Fragebogen 1

Die Oper

Kreuze jeweils die Antwort an, die Deiner Meinung nach richtig ist!

1. Opern gibt es seit dem Jahre

	1500	O
	1600	O
	1800	O

2. Die Oper entstand in

	Deutschland	O
	Österreich	O
	Italien	O

3. In der Bundesrepublik und Westberlin gibt es ungefähr

	10	O
	30	O
	70	O

Theater, in welchen auch Opern gespielt werden.

4. Das Berliner Opernhaus faßt ca.

	500	O
	1200	O
	1900	O

Besucher.

5. Der jährliche Haushalt der Berliner Oper beträgt

	1 000 000 DM	O
	10 000 000 DM	O
	55 000 000 DM	O

6. An der Berliner Oper sind ständig ca.

	100	O
	500	O
	1000	O

Menschen beschäftigt.

7. Die Abendgage eines Opernstars beträgt bis zu

	5 000 DM	O
	10 000 DM	O
	30 000 DM	O

8. Die Musiktheater der Bundesrepublik erhalten im Jahr an staatlichen Zuschüssen aus Steuergeldern ca.

	1 000 000 DM	O
	100 000 000 DM	O
	600 000 000 DM	O

Zu Frage 4; Berufe des Publikums:

Schüler: »Intellektuelle gehen in die Oper.«

Lehrer: »Was sind das für Leute?«

Schüler: »Solche, die sich schlau vorkommen, in Wirklichkeit sind sie's nicht.«

Fragebogen 2

1. Warst Du schon einmal in einer Oper? ja O nein O

2. Wenn Du noch in keiner Oper warst, so gib bitte an aus welchen Gründen.

____

____

____

3. Schreibe auf, welche Art von Kleidung Du bei der Mehrheit der Opernbesucher erwartest!

____

____

4. In welchen Berufen könnten Deiner Meinung nach Menschen sein, die oft in die Oper gehen?

____

____

5. Wie wirst Du Deiner Meinung nach den Besuch der Oper finden. Unterstreiche die Adjektive, die zutreffen könnten!

interessant, schön, langweilig, aufregend, komisch, witzig, traurig, lustig, spannend, romantisch

6. Welche der Musikbeispiele könnten aus einer Oper sein?

Kreuze die entsprechenden Nummern an!

1 2 3 4 5 6

Schüler: »Es gehen Rentner, Bäcker und Fleischer, jedenfalls solche, die gut verdienen.«
Schüler: »Es gehen Direktoren mit ihren Sekretärinnen.«
Lehrer: »Gehen wohl auch Bauarbeiter in die Oper?«
Schüler: »Wahrscheinlich nicht, die sind sonst am anderen Tag zu müde, müssen zu früh aufstehen.«
Schüler: »Es gehen eher finanzkräftige Leute in die Oper.«
Lehrer: »Was sind finanzkräftige Leute? Woran ist das abzulesen?«
Schüler: »Das sieht man an der Kleidung, alles Leute, die einen sauberen Beruf haben.«

Zu Frage 5; Schülerbewertungen über ihre Erwartungen:

schön = 5	interessant = 5	langweilig = 15
aufregend = 2	komisch = 10	witzig = 4
romantisch = 8	spannend = 1	traurig = 2

Viele Schüler hatten mehrere Adjektive angekreuzt.

4.3.2 2. Phase

Die Doppelstunde am Tage vor der Don-Giovanni-Aufführung diente der geplanten Vorbereitung des Opernbesuchs. Vor der inhaltlichen Klärung des Stücks wollten die Schüler ihre Kleiderprobleme gelöst haben. Ob ein Anorak und Jeans möglich seien? Sie hatten genaue, detaillierte Kleiderbeschreibungen des Opernpublikums geben können, und es ist klar, daß sie unsicher wurden im Hinblick auf den zu erwartenden Kontrast, den wir zum übrigen Publikum bilden würden. Durch ein Gerücht bestand bei uns die Sorge, ohne Abendgarderobe nicht hineingelassen zu werden. Nach längerer Debatte einigten wir uns, trotzdem den Besuch ganz normal gekleidet zu versuchen.

Der Inhalt der Oper wurde ungefähr folgendermaßen dargestellt: »Also, da ist einmal der Don Giovanni«, (Don Giovanni wird in die Mitte der Tafel geschrieben) »das ist ein rechter Draufgänger, der zu jeder Zeit ein Abenteuer mit einer Frau sucht. Da ist zunächst die Anna, die er nachts in ihrem Haus vergewaltigt.« (Anna wird an die Tafel angeschrieben). »Ihr Vater, der Komtur, kommt auf ihre Hilferufe hin aus dem Haus und will sie rächen. Er wird aber vom Don Giovanni getötet. Ottavio, der Verlobte von Anna, muß ihr schwören, daß er ihren Vater rächt.« (Ottavio wird angeschrieben). »Dann ist da die Elvira«, (Elvira wird angeschrieben) »die in den Don Giovanni verknallt ist und ihm immer noch nachläuft, obwohl der Don Giovanni nichts mehr von ihr wissen will. Zusammen mit seinem Diener Leporello« (der Name Leporello wird angeschrieben) »trifft er auf eine Bauernhochzeitsgesellschaft. Der Bräutigam Masetto ist für Don Giovanni so ein Bauerntrampel, dem er jetzt seine Braut, die Zerlina, ausspannen will.« (Masetto und Zerlina werden angeschrieben.) »Don Giovanni lädt sie alle in sein Schloß ein und gibt Leporello den Auftrag, den Masetto abzulenken, damit er sich an Zerlina ranmachen kann.«
Mit ähnlichem Wortlaut wurde der Inhalt fertig erzählt. Das Tafelbild sah am Ende so aus:

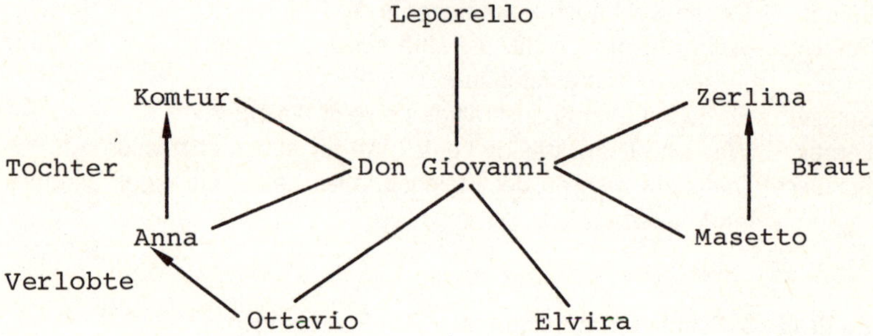

Damit waren die 8 Hauptpersonen des Stücks vorgestellt und die Beziehungen, die alle mit der zentralen Figur des Don Giovanni zusammenhängen, geklärt.

Die Schüler hörten dieser Einführung gespannt zu. Es war daher nicht schwer, sie zu dem folgenden Rollenspiel zu motivieren, obwohl sie einige Schwierigkeiten zu überwinden hatten. Sie mußten nämlich zuerst die Zusammenfassung der Szenen in ihren Gruppen, die vorher festgelegt und denen die Szenen zugeordnet worden waren, aufmerksam lesen, die darin vorkommende Handlung in ihrem chronologischen Ablauf erkennen und sie dann mit eigenen Worten spielen.

Die Schüler bereiteten sich auf das Rollenspiel in ihren Gruppen in den Ecken von 2 verschiedenen Räumen vor, während wir versuchten, Kontakt zu den Gruppen und einzelnen Schülern aufzunehmen und ihnen Hilfestellungen zu geben.
Der Musikraum mit einem erhöhten Boden, quasi als »Bühne«, erwies sich für die »Aufführungen« als sehr vorteilhaft. Die einzelnen Schüler stellten sich in ihrer Rolle vor. Weil die Mädchen anzahlmäßig überwogen, mußten sie teilweise eine Männerrolle übernehmen, was sie aber nicht störte. Nach dem Spiel wurde jede Szene mit dem »Publikum« besprochen und nochmals der Handlungsablauf geklärt.
Nach dem frei gewählten, oft mit typischer Berliner Schnauze vorgetragenen Text wirkte danach die 14. Szene, 2. Akt, die von 3 Schülern mit dem Originaltext in der Hand gespielt wurde, mit den für die Oper typischen Wiederholungen tap, tap, tap, ... ach... ach... und der schwulstigen Sprache auf die Schüler sehr befremdlich und führte zu einem Heiterkeitserfolg.
In den letzten 5 Minuten der Stunde wurden den Schülern bestimmte Beobachtungsaufträge zugeteilt, und zwar sollten jeweils 2 oder 3 Schüler besonders

- auf die Kleidung des Publikums achten,
- das Bühnenbild skizzieren,
- sich die Kleidung der Schauspieler einprägen,
- sich das Bühnenbild einprägen,
- einzelne Szenen bezüglich Standort und charakteristische Gebärden der Sänger genau beobachten, um diese später nachspielen zu können.
- Alle sollten Pausengespräche belauschen, um das Operninteresse des Publikums bzw. dessen Fachkenntnisse herauszufinden, bzw. festzustellen, ob überhaupt detailliertes Wissen vorhanden sei.

Beschreibung des Opernbesuchs

Die meisten Schüler kamen ganz normal gekleidet zur Oper, einige jedoch in eigens neu gekauften Hosen und Jackets. Ein Schüler rechtfertigte sich damit, daß er sowieso bald eine neue Hose gebraucht hätte.

Die Plätze der Schüler-Karten waren auf den 2. und 3. Rang verteilt, so daß wir nur gruppenweise zusammensitzen konnten und nicht von allen eine unmittelbare Reaktion zu beobachten war.

Der 1. Akt verlief störungsfrei.

Die Schüler waren guten Willens, dem Geschehen auf der Bühne zu folgen, obwohl sie von dem italienischen Text nichts verstehen und die Kostüme der Sänger kaum voneinander unterscheiden konnten. So waren z. B. Don Giovanni und Leporello von der Kleidung her nur schlecht auseinanderzuhalten.

Am Anfang der Pause fragte ein Schüler die anderen, wann denn eigentlich endlich Masetto auftrete. Er hatte genau die Handlung in Erinnerung, konnte aber aus der Bauerngruppe Masetto nicht herauserkennen, der schon im 7. Auftritt erschienen war.

Die gesamte Atmosphäre, das gepflegte Auftreten des Publikums, die andächtige Stille während des Bühnenbildwechsels und die mißtrauischen Blicke von vorne oder von der Seite, dazu die ihnen fremde Musik und Darstellungsart hatte sie anfangs verunsichert.

Nach der Pause waren die Schüler auf dem 3. Rang, die 2 größten Gruppen, die zusammensaßen, sehr unruhig. Sie unterhielten sich miteinander, aßen Kekse und raschelten dabei mit dem Papier. Die Szenen waren lang, ohne daß sich auf der Bühne viel ereignete. Sie waren gelangweilt und versuchten sich abzulenken, ohne aber bewußt provozierend wirken zu wollen. Durch böse Blicke und Zischlaute auf ihr störendes Verhalten aufmerksam gemacht, gerieten sie in das in solchen Situationen bekannte alberne und nervöse Gelächter, das nicht mehr zu unterdrücken oder zu beenden ist.

Bei der nächsten Bühnenverwandlung wandte sich ein älterer Herr laut schimpfend an eine Begleitperson, die neben einigen Schülern saß, und forderte sie auf, mit den Schülern doch raus und woandershin zu gehen. Man merke doch, daß die kein Interesse haben und während einer Opernaufführung sogar Kekse essen würden! Die Türen zum Rang wurden aufgemacht, und die Logenschließer drohten mit Rausschmiß und Bekanntmachung beim Rektor der Schule, die

Adresse sei ihnen bekannt. Die Schüler reagierten spontan und klar. Zum Rausschmiß sagte eine Schülerin: »Det versuchen Se mal, da wern Se schon sehn, wat dann passiert!« und weiter: »Schade für die ganzen Steuergelder, die sollte man lieber den Negern geben.«
Durch die hervorragende Akustik in der Oper war die Auseinandersetzung überall gut zu verstehen. Eine Dame auf dem 2. Rang meinte dazu: »Die hätte man früher schon längst rausgeschmissen!« Das Orchester wartete ab, und erst als die Logenschließer meinten, man wolle es nochmal versuchen, und man einigermaßen zu Ruhe gekommen war, setzte die Musik wieder ein. Die Schüler waren aber doch betroffen; die eine Gruppe nahm sich daraufhin sehr zusammen, die andere ging später leise raus.

Ablauf und Inhalt der Besprechung

Bei der Besprechung des Opernbesuchs saßen die Schüler im Kreis zusammen und äußerten sich der Reihe nach zu den vorgegebenen Punkten:

a) Publikum
b) Musik
c) Bühnenbild
d) Darstellung

Alle Schüler kamen nacheinander zu Wort, gaben – wie die zitierten Schüler-Aussprüche zeigen – eine sehr offene, unverblümte Meinung zum Ausdruck, und die Differenziertheit der Äußerungen ließ bis zum letzten Schüler wenig nach, sie wiederholten kaum das gleiche vom Vormann, sondern gaben jeder ein eigenes, individuell formuliertes Urteil ab. Das bewies, daß jeder sich mit dem Erlebten auseinandergesetzt und eine persönliche Meinung entwickelt hatte.
Wir wollen hier ein paar Schüler-Äußerungen bringen, die wir mitschreiben konnten.

Schüler-Äußerungen zum Publikum

- »Höhere Gesellschaft«
- »Wie Wesen vom anderen Stern«
- »Der alte Mann kam so fein«
- »Olle Schrullen hatten Plastiktüten über den Schuhen«
- »Man kam sich überflüssig vor«
- »Die haben getan, als ob sie alles verstehen«
- »Manche hatten kaum Verständnis, daß wir noch nicht wußten, wie man sich verhalten soll«
- »Wenn die Alten selber gequatscht haben, war es o.k., aber wenn wir was gesagt haben, haben sie schief gekiekt.«
- »Sahen aus, als ob sie die Taschen voller Geld hatten«
- »So hatte ich sie mir vorgestellt«
- »Ich kam mir vor, als ob man da nicht hinpaßt«

– »Manche hatten Verständnis, haben erklärt, daß wir den Akt versauen, wenn wir stören.«
– »Publikum war aggressiv«
– »Sie haben selber geschlafen«.

Schüler-Äußerungen zum Bühnenbild

– »Immer das Gleiche, von rechts kamen se, nach links gingen se«
– »Vielleicht mal ne Blume mehr«
– »War gut«
– »War etwas langweilig«
– »Immer die gleiche Grundbeleuchtung«
– »War ein bißchen eintönig, nur der Friedhof war mal eine Abwechslung«
– »Zwei Stunden lang war da immer der ulkige Brunnen«

Schüler-Äußerungen zur Darstellung, bzw. zu den Sängern

– »Die waren gar nicht richtig lebhaft, z. B. als die Bauern gefeiert haben und besoffen waren«
– »Die Bauern waren gar nicht lustig, gerade Bauern, eh..«
– »Aggressiv, ham sich erst mal abgelassen«
– »Außer Singen ham sie nichts geleistet«
– »Miserabel«
– »Schauspieler waren Klasse«
– »Manchmal langweilig, bis der da gestorben war,«
– »War eintönig«
– »Bewundernswert, weil der so lange den Ton gehalten hat«
– »Der hat so lange gebraucht, bis er endlich gestorben ist«
– »Alles war ziemlich hinausgezogen«
– »Sind immer die gleichen Schritte gelaufen«

Schüler-Äußerungen zur Musik

– »Für damals vielleicht ganz hübsch, aber jetzt...«
– »Man muß bedenken, daß die ja auch recht alt ist«
– »Die Musik kann man vergessen«
– »War gut«
– »Manchmal habe ich dabei geschlafen«
– »Das Spinett hat so langweilig da rumgeklimpert«
– »War gut, ich bin ein halber Mozart-Fan«
– »Musik war zu laut«
– »Für so ne Musik empfinde ich nichts«
– »Klassisch ist nicht so mein Fall«
– »Es gibt wohl bessere Sachen«
– »Bin kein Fan davon, aber es ging«.

Zur Aufarbeitung der Darstellungsform des Stücks übte ein Teil der Schüler

während der nächsten Unterrichtsstunde die 1. Szene nach dem Originaltext und der Originalmusik und versuchte die Personen in ihrer Gestik und ihren Positionen, Auftritt und Abgang möglichst bühnengetreu wiederzugeben. Bei der »Aufführung« am Ende der Stunde stellte sich heraus, daß die Schüler häufig die Schwierigkeit hatten, mit der weiteren Handlung so lange zu warten, bis die Musik auch zum gleichen Punkt gelangt ist. Am deutlichsten wird das bei der Kampfszene zwischen Don Giovanni und dem Komtur, wo die Schüler die Säbel zu schnell ziehen und den Kampf beginnen und der Komtur, schon tödlich verletzt, noch im künstlich verlangsamten Dahinsinken singen und das Ende der Musik abwarten muß. Die dadurch erzeugte Komik, die beim play-back noch deutlicher als auf der Bühne zum Ausdruck kam, wurde von den Schülern mehr oder weniger bewußt parodiert und von den anderen mit Gelächter quittiert.
Teilweise mag diese der Oper typische Ausdrucksform Grund dafür gewesen sein, daß die Schüler sich unsicher auf der »Bühne« bewegten, während des Singens nicht wußten, wie sie ihre Arme und Hände ausdrucksvoll bewegen sollten und sich teils seitlich mit dem Rücken zum »Publikum« stellten.
Nachdem mit den Schülern die Fehler bzw. Schwierigkeiten besprochen wor-

den waren, versuchte eine 2. Gruppe, jetzt freier und mehr auf Komik aus, der Darstellungsproblematik gerechter zu werden.

Der überwiegende Teil der Schüler aber zeichnete, bzw. karikierte das Opernpublikum und versuchte das erlebte Bühnenbild zu rekonstruieren oder Alternativmöglichkeiten dazu zu entwickeln.

Die alternativ gedachten eigenen Bühnenbilder orientierten sich sehr stark an dem gesehenen Bühnenbild und mißlangen zum Teil wegen der fehlenden, bzw. nicht konsequent durchgeführten Perspektive. Sie konzentrierten sich immer auf den in der Mitte stehenden Brunnen und den nach hinten verlaufenden Weg. Die Karikaturen des Publikums wurden dagegen sehr originell, wie die Reproduktionen erkennen lassen. Im Original waren alle Zeichnungen 40 x 60 cm groß.

Publikum in der Opernpause

Das Interview

In der darauffolgenden Stunde berichteten die drei Schüler von ihren Erfahrungen bei den Interviews. Sie hatten den Auftrag erhalten, vor Beginn einer Vorstellung zur Deutschen Oper zu gehen und mit einem Kassettenrecorder die Opernbesucher zu folgenden Punkten zu befragen:

1. Wie oft gehen Sie in die Oper?
2. Aus welchem Grund gehen Sie in die Oper?
3. Meinen Sie, daß das Publikum für den Opernbesuch andere Kleidung tragen sollte als normalerweise?
4. Welcher sozialen Schicht gehören Opernbesucher an?
5. Welche Art von Oper hören Sie am liebsten?

An diesem Abend, etwa 2 Tage nach unserem Opernbesuch mit der Klasse, wurde der »Wildschütz« von *Albert Lortzing* aufgeführt.

Die Schüler berichteten, daß die Frage nach der Vorliebe der Opernart vom Publikum überwiegend mit »leicht« beantwortet wurde, weil an diesem Abend eine »leichte« gespielt wurde.

Sie hatten den Eindruck, daß ein großer Teil der Opernbesucher sehr alt war (»fast schon tot«, »wäre fast umgefallen«).

Weiterhin berichteten die Schüler, daß sie schon sehr früh – etwa eine Stunde vor Beginn der Veranstaltung – vor der Oper gestanden hatten.

Sie haben dort beobachtet, daß am Anfang die kamen, die nicht so besonders gut gekleidet waren. Danach kamen die sehr fein gekleideten Leute und zum Schluß, als es schon geklingelt hatte, kamen noch welche, die nicht so gut angezogen waren.

Nach dem Bericht der drei »Interviewer« erhielten alle Schüler drei gleiche Arbeitsblätter sowie Anweisungen und entsprechende Erläuterungen zum Ausfüllen am Beispiel des ersten Interviews.

Jeder dieser Arbeitsbögen ist senkrecht in 5 Spalten unterteilt. Zehn Antworten passen auf einen Bogen in die dafür vorgesehenen Felder, und zwar zu den fünf Punkten:

- Häufigkeit des Opernbesuchs
- Grund des Opernbesuchs
- Gewünschte Publikumskleidung
- Anteil an Sozialschichten
- Vorliebe (leicht–ernst)

Die 30 ausgesuchten und auf Tonband überspielten Antworten der Leute wurden den Schülern vorgespielt. Während sie zuhörten, trugen sie in abgekürzter Form die Antworten in die Spalten ein. (Vgl. Abb. S. 64.)

Anschließend fand zwischen Lehrer und Schülern ein Gespräch über die tabellarische Auswertung statt. D. h. der Lehrer fragte nochmals die Punkte ab, um die Schüler einen besseren Überblick gewinnen zu lassen.

Auswertung der Interviews vor der Deutschen Oper

Nr.	Häufigkeit des Opernbesuchs	Grund des Opernbesuchs	Gewünschte Publikums-kleidung	Anteil der Sozialschichten	Vorliebe (leicht-ernst)
1	regelmäßig 2x i.J. Abo				
2	öfter 3x i.J.	Musik Freude Atmosphäre		alle, die so denken wie ich	Wagner Puccini
3	1x Monat	herrlich, Gesang 2. Schauspielerische Darstellung			Verdi Puccini Mozart deutsch
4	manchmal	klass. Musik allgem. interessiert Bühne Schauspiel-sekundär			Freischütz Besetzungs-kriterien
5		Musik, gehört alles zu-sammen			alte
6	Abo 10x i.J.	Musik Stimmen			Mozart Wagner
7	ja, öfter 4-5x i.J.	Musik sollte auch gut gespielt sein		quer d. den Garten	Mozart Verdi
8	ganzes Leben lang	aus Liebe			klassische
9		macht Spaß musikalische			kommt auf Komponisten an
10					

Lehrer: *»Was haben die Leute über die Häufigkeit des Opernbesuchs gesagt?«*

Schüler: *»Einmal im Monat«, »2x im Jahr«, »weil sie im Theaterring sind«, »10x im Jahr, weil sie ein Abonnement haben.«*

Lehrer: *»Welchen Grund hat das Publikum für den Opernbesuch angegeben?«*

Schüler: *»Wegen der Musik«, »aus Spaß«, »weil Oper zum Leben gehört«, »Wegen des Gesangs und der Stimmen«, »Oper ist was Herrliches«, »Wegen der Inszenierung«, »Wegen der Besetzung«, »Wegen der Lieblingsoper«, »Wegen der Bühnenbilder«, »Wegen der Unterhaltung«.*

Einige Ausschnitte des Tonbands wurden nochmals vorgespielt, z. B. dieser:

Dame: *»Ich gehe wegen des Bühnenbilds, das ist hier wirklich hervorragend.«*

Schüler: *»Haben Sie die Oper schon gesehen?«*

Dame: *»Nein, noch nicht, aber ich bin hier noch nie enttäuscht worden.«*

Schüler: *»Wir haben gelesen, daß hier technisch hervorragende Möglichkeiten in der Oper sind, daß die sich aber oft nicht sehr viel einfallen lassen bei der Dekoration.«*

Dame: *(antwortet verunsichert) »Das mag sein, die sind hier vielleicht nicht sehr flexibel, aber das ist ganz klar, Oper ist immer etwas konservativer als Theater.«*

Das Lehrer-Schüler-Gespräch wurde folgendermaßen fortgesetzt:[79]

Lehrer: *»Was finden die Leute an der Musik gut?*
Wenn ihr nachgefragt hättet, was hätten sie wohl gesagt?
Die meisten geben Musik als Hauptgrund bzw. Spaß und Freude an.«

Schüler: *»Sie sagen harmonisch, schön, wahrscheinlich hätten sie ihre Lieblingsstücke genannt.«*

Lehrer: *»Hattet ihr den Eindruck, daß die Leute von Musik viel verstehen, z. B. musikalische Begriffe genannt haben?«*

Schüler: *»Wenn einer öfter in die Oper geht, heißt das noch lange nicht, daß er viel Musikkenntnisse hat.«*

Lehrer: *»Was würde man von jemandem verlangen, der sagt, er verstehe was von Musik?«*

Schüler: *»Er müßte konkret etwas über Lautstärke, über Spannung und Stufung wissen.«*

Lehrer: *»Also über Dynamik und Instrumentation. Was noch?«*

Schüler: *»Er müßte scharf kritisieren können, wenn jemand falsch spielt«, »er müßte was von Harmonie und Rhythmus verstehen.«*

Lehrer: *»Über Interpretation z. B., also wenn einer konkret was von Musik versteht, dann muß er die Stücke kennen, er müßte Argumente haben, wenn er sagt, die Stelle z. B. finde ich gut. –*
Glaubt ihr, daß die Leute das hätten leisten können?«

Schüler: *»Kaum.« »Vielleicht ganz wenige.« »Einzelne.«*

Lehrer: *»Was glaubt ihr, wer versteht mehr von seiner Musik, Opernpublikum oder Pop-Publikum?«*

Schüler: *»Pop-Publikum, weil es nicht so ein großes Gebiet ist, die Musik ist nicht so kompliziert, ist viel mehr Elektronik dabei.«*

Lehrer: *»Glaubt ihr, daß das Pink-Floyd-Publikum, wenn man es nächste Woche beim Konzert fragen würde, warum es hingeht, konkrete Aussagen machen könnte?«*

Schüler: *»Wahrscheinlich auch nicht.« »Das Pop-Publikum ist freier, es kann sich besser in die Musik versetzen, es versteht die Musik besser.«*

Lehrer: *»In welcher Art und Weise sind die Leute mit der Musik in der Oper mitgegangen?«*

Schüler: *»Gar nicht.« »Sie haben geklatscht.« »Sie haben die Augen zugemacht.« »Da kann man ja auch nicht mitsingen.«*

Lehrer: *»Könnt ihr euch vorstellen, daß ein Großteil des Opernpublikums sich eine oder mehrere Melodien erarbeitet hat? – Oder gehen die Leute eher wegen der Unterhaltung oder des Kunstgenusses hin?«*

Schüler: *»Wegen der Unterhaltung.«*

Lehrer: *»Was ist denn Kunstgenuß, was ist der Unterschied zwischen Kunstgenuß und Unterhaltung?«*

Schüler: *»Auch wegen der schönen Atmosphäre; es ist manchen egal, ob sie in die Oper oder ins Theater gehen.«*

Lehrer: *»Was heißt denn hier Unterhaltung?«*

Schüler: *»Das ist für sie Spaß.« »Warum geben die so viel Geld dafür aus, sie könnten ja auch ins Kino gehen.«*

Schüler: *»Die, die mehr Geld haben, gehen in die Oper, die anderen ins Kino.«*

Lehrer: *»Woran liegt es, wenn die Leute sagen, sie gehen aus ›Spaß‹ in die Oper?«*

Schüler: *»Manche Leute mögen diese Musik und die Atmosphäre.«*

Lehrer: *»Welchen Kunstgeschmack müssen diese Leute haben?«*

Schüler: *»Klassische Musik.«*

Lehrer: *»Schließt das aus, daß sie andere Musikarten gut finden?«*

Schüler: *»Nein, einige sagten auch, sie mögen auch andere Musik.«*

Lehrer: *»Was ist wohl eher möglich, daß jemand, der klassische Musik mag, auch Popmusik mag oder umgekehrt?«*

Schüler: *»Die klassische Musik mögen.« »Nein, umgekehrt.« »Das sind doch ziemlich krasse Gegensätze.«*

Lehrer: *»Untersuchungen, die auf dem Gebiet vorgenommen worden sind, zeigen, daß Liebhaber klassischer Musik auch Popmusik gut finden. Das gilt jedoch vermutlich nicht für das Opernpublikum. –*
Auf einen anderen Aspekt wollte ich noch kommen: Was sagen die Leute über den Anteil der Sozialschichten?
Warum hat das Publikum ausweichend reagiert auf die Frage, zu welcher Schicht es sich zählt?
Erinnert ihr euch noch, anfangs, bevor wir in der Oper waren, hatten wir die Vermutung, daß die höhere Schicht in die Oper geht.«

Schüler: *»Die Leute haben auf die Frage alle so komisch reagiert.« »Vielleicht zählen sie sich zum ›höheren Stand‹, und sagen lieber: ist gemischt.« »Die Leute schämen sich vielleicht.«*

Lehrer: *»Was habt ihr festgestellt, als ihr in der Oper wart?«*

Schüler: *»Höhere Schicht.«*

Lehrer: *»Bei den Interviews kommt aber ganz etwas anderes heraus.«*

Schüler: *»Gemischt.«*

Lehrer: »Würdet ihr das von eurem Eindruck unterstützen, daß das Publikum gemischt ist? Das würde heißen, daß etwa 50 % des Publikums Arbeiter waren, denn ca. 50 % der Bevölkerung sind Arbeiter. – Wie könnten wir denn feststellen, ob wirklich Arbeiter in die Oper gehen?«

Schüler: »Man müßte das Publikum nach dem Beruf fragen.« »Man müßte an der Kasse fragen.«

Lehrer: »Es gibt keine Statistiken darüber, welchen Beruf Opernbesucher ausüben. An der Oper kriegen wir das wohl nicht raus.«

Schüler: »Man müßte bei Schichtende mal zu Borsig gehen und 100 Arbeiter befragen, ob sie in die Oper gehen.«

Lehrer: »Wer könnte das machen, wenn's geht, heute?«

Zwei Schüler melden sich und wollen die Aufgabe übernehmen.

Lehrer: »Ich spiele nochmals eine Stelle des Interviews vor. Da ist einer dabei, der ziemlich genau versucht hat, auf die Fragen der Schüler einzugehen. Paßt mal auf, wie er die Frage nach der Sozialschicht beantwortet hat.«

Schüler: »Glauben Sie, daß das Publikum gemischt ist oder meinen Sie, daß eher Leute, die mehr Zeit haben, in die Oper gehen und deshalb vielleicht nicht Arbeiter?«

Herr: »Wer mehr Zeit hat? Ich meine Arbeiter haben mehr Zeit als Geschäftsleute, die haben weniger.«

Schüler: »Ich meine ja solche, die zu Hause in ihrer Villa sitzen und andere für sich arbeiten lassen.«

Herr: »Davon gibt es weit weniger als Sie denken, aber das hat damit auch nichts zu tun, es geht da eher nach Bildung.«

Schüler: »Sie meinen Interesse?«

Herr: »Nein, das ist Sache der Bildung des einzelnen, ob er in die Oper geht.«

Schüler: »Zu welchem Stand rechnen Sie sich?«

Herr: (lacht) »Ich bin ein armer Vater von 3 unmündigen, hungernden Kindern.«

Schüler: »Er ist ausgewichen«, (Schüler, der das Interview gemacht hatte): »Der ist sicher Chef.« – »Seine Sprache war schon so.«

Lehrer: »Wie war er denn angezogen?«

Schüler: (die ihn interviewt hatten) »Wie ein Beamter, mit einem Pelzmantel, war sehr gepflegt, Pelzmütze, schicke Schuhe, der hatte bestimmt 3000.– bis 3500.– DM Einkommen.«

Schüler: »Es gibt aber auch Arbeiter, die Pelzmäntel haben, deshalb muß es nicht nur ›höherer Stand‹ sein.« »Wie meine Mutter.« – »Mein Vater ist auch nur ein einfacher Arbeiter. Was meint ihr, was *der für eine Einrichtung hat, der hat einen Mercedes und sogar einen Smoking.« (Dieser Beitrag, der sehr spontan war, kam von einer Schülerin, die sich sonst kaum am Unterricht beteiligt hatte, höchstens wenn der Lehrer sie aufrief.)*

Lehrer: *»Im Durchschnitt verdient ein Arbeiter nicht so viel, daß er sich das leisten kann. –*
Hören wir uns nochmals einen anderen Ausschnitt an: Der Christian fragt eine Dame nach ihrer Meinung über die Kleidung des Publikums.«

Schüler: *»Spielt für Sie die Kleidung des Publikums eine Rolle?«*

Dame: *»Ja, Ihre würde ich nicht schätzen.«*

Schüler: *»Aber wenn die Sachen sauber sind . . .«*

Dame: *»Wissen Sie, ich schmeiße die Leute nicht raus. Aber für einen selbst ist es doch notwendig, ich meine, daß Oper jedem ein gehobeneres Abendgefühl geben müßte. Oper ist eben etwas anderes als ein Film. Etwas netter sollte man sich schon kleiden, eine gewisse Abstufung sollte zu sehen sein.«*

An anderen Stellen des Tonbands, andere Besucher:

Herr: *»Ein bißchen netter als in Straßenkleidung sollten Opernbesucher gekleidet sein.«*

Dame: *»In den oberen Rängen ist die Kleidung egal.«*

Die Schüler hatten bei ihrem Interview auch die Türschließer gefragt, die die Eintrittskarten abreißen, ob sie der Meinung sind, daß für einen Opernhausbesucher eine besondere Kleidung notwendig sei. Der, der die nachfolgenden Fragen beantwortete, erklärte, daß er Student sei und sich mit dieser Beschäftigung zum Teil den Lebensunterhalt verdiene.

Schüler: *»Wie soll das Publikum angezogen sein?«*

Student: *»Sauber ja, sonst nichts, Kultur ist nicht Sache der Kleidung.«*

Schüler: *»Finden Sie die Kleidung gut, die Sie anhaben?«*

Student: *»Nee, aber sie ist Voraussetzung für den Job.«*

Lehrer: *»Was haben die Leute geantwortet, wo kann man die schlechtere Kleidung anhaben?«*

Schüler: *»Unten müssen die Besseren sitzen, oben die Schlechteren.« – »Wir haben ja auch ganz oben gesessen, sogar in der letzten Reihe.«*

Lehrer: *»Es ist an einer anderen Stelle noch eine weitere Differenzierung vorgenommen worden, nämlich der Unterschied zur Premiere. –*
Würde nun der Unterhaltungswert der Leute geringer werden, wenn jeder so hingehen würde, wie er gerade ist? In Jeans z. B.
Würde dann die Bedeutung der Oper verloren gehen?«

Schüler: *»Das nicht, es würde diese Leute aber trotzdem stören.«*

Lehrer: *»Also kann man sagen, daß der Erlebniswert dieser Leute dadurch geschmälert wird?*
Es wäre ungefähr dasselbe, wenn wir so, wie wir sind, in ein feines, gepflegtes Lokal gehen würden und dann Eintopf essen wollten.«

Schüler: *»Die Leute fühlen sich gestört.« – »Nicht alle.«*

Lehrer: *»Die, die sagen, es sei ihnen egal, wie der angezogen ist, der neben ihnen sitzt, ob die wohl mehr wegen der Musik hingehen?«*

Schüler: *»Das kann man sagen.« »Die sind mehr an der Musik interessiert.«*

Schüler: *»Wegen der Musik kann der sich eine Platte kaufen.«*

Lehrer: *»Gehst du zum Fußball ins Stadion, oder schaust du dir das Spiel lieber am Fernseher an?«*

Schüler: *»Das hat Vor- und Nachteile.«*

Lehrer: *»Uns hatte es doch nicht gefallen, wieso gefällt's denn denen? Haben wir bisher eigentlich rausgekriegt, warum die Leute wirklich in die Oper gegangen sind?«*

Schüler: *»Wegen der Musik sind die hingegangen.«*

Lehrer: *»Würden wir denn wegen der Musik hingehen?«*

Schüler: *»Nein, eher zur Unterhaltung.«*

Lehrer: *»Das wollen wir doch gar nicht, fandet ihr die Oper denn unterhaltsam?«*

Schüler: *»Wir würden eher in Popmusik gehen.« »Zu der Oper haben wir keine Beziehung.« »Das ist wahrscheinlich eher eine Generationsfrage.« »Früher gab's nichts anderes.«*

Lehrer: *»Die Generation um 40 ist mit Rock 'n' Roll groß geworden. Mit der ›Generation‹ kann das also nicht zusammenhängen. Wenn wir den Bevölkerungsdurchschnitt nehmen, würden wir feststellen, daß es in der Bundesrepublik etwa 10 Millionen Menschen gibt, die zwischen 40 und 50 Jahre alt sind.*
Von denen gehen jedoch höchstens 2–3 % in die Oper.«

Das von den Schülern vorgeschlagene Interview der Borsigarbeiter konnte von ihnen aus Zeitgründen nicht gemacht werden. Dieses und ein weiteres Interview in einem Einkaufszentrum in Frohnau, einem überwiegenden Villenviertel mit vermutlich einem »potentiellen Opernpublikum«, sollten dazu dienen, genauere Aussagen über die Sozialschichten des Opernpublikums machen zu können. Da der Termin für den Werkstättenbesuch feststand und wir uns dazu entschlossen hatten, diesen Besuch gründlich vorzubereiten, ließen wir die Interviews nach einer weiteren Gesprächsstunde auf sich beruhen und begannen mit der unterrichtlichen Vorbereitung des Besuchs im Operngebäude.

4.3.3 3. Phase

Die Begründungen für eine Vorbereitung teilten wir zu Beginn der Stunde den Schülern mit. Die Schüler sollten einen gemeinsamen Fragenkatalog erstellen zu den verschiedenen Bereichen der Oper, nämlich:

1. Orchester
2. Finanzierung
3. Bühnenbild
4. Sänger
5. Gesamtablauf einer Operninszenierung von der Planung bis zur Durchführung.

Wir überließen es den Schülern, in welcher der fünf Kleingruppen sie Fragen erarbeiten wollten.

Aus dem Fragenkatalog der Schüler seien hier einige Beispiele genannt:

zu 1.:
- Aus wieviel Leuten besteht das Orchester?
- Wieviel Gage bekommen sie pro Abend?
- Können sie selbst bestimmen, an welchen Stücken sie mitspielen?
- Ist die Kleidung vorgeschrieben?
- Ist es immer dasselbe Orchester, das spielt?
- Wie lange müssen die Leute proben, bis sie ein Stück spielen können?
- Gehören die Instrumente der Oper?
- Wird die Kleidung vom Arbeitgeber gestellt?

zu 3.:
- Wer bestimmt das Bühnenbild?
- Wie lange dauert die Ausbildung der Bühnenbildner?
- Was verdienen sie?
- wieviele arbeiten am Bühnenbild mit?
- Wo wird ein Bühnenbild hergestellt und aufbewahrt?
- Wie lange dauert eine Veränderung des Bühnenbildes?
- Wie lange dauert die Anfertigung von Kostümen und werden sie, wenn sie nicht passen, geändert?
- Wo werden die Kostüme aufbewahrt?
- Wie lange dauert das Anschaffen von Requisiten?

zu 5.:
- Wie lange braucht eine Inszenierung von der Planung bis zur Aufführung?
- Warum werden Opern nicht nacheinander gespielt?
- Wer arbeitet von der Planung bis zur Aufführung alles mit?

Die Auswahl der Fragen (wir konnten nicht alle Notizzettel von den Schülern bekommen) zeigt, wie sehr sich die Schüler eingearbeitet und bis in welche Details sie sich Gedanken gemacht hatten.

Um den Schülern die wichtigsten Fachausdrücke der »Opernsprache« zu ver-

mitteln, mußten wir methodisch so vorgehen, daß die Schüler sich die Begriffe noch während der Stunde einprägen konnten.
Die 2 Seiten (siehe dazu Abb. S. 72–73) wurden verteilt und die Schüler aufgefordert, sie in 5 bis 10 Min. durchzulesen und sie sich einzuprägen, in weiteren 5 Min. sich die Fremdworte gegenseitig abzufragen. Danach wurden die Schüler der Reihe nach 3 Fremdworte abgefragt. Wenn sie alle 3 richtig erklären, bzw. übersetzen konnten, durften sie vorzeitig nach Hause gehen (es war ihre letzte Stunde).
Diese Vorgehensweise hatte zur Folge, daß die Schüler sehr bemüht waren, die Fremdworte zu beherrschen. Die, die sich sicher fühlten, wollten sofort drankommen und die noch unsicheren vertieften sich lieber nochmals in die Papiere. Dieser Ablauf wurde mit Spaß aber konsequent bis zum letzten Schüler durchgeführt.
Um 10 Uhr begann die Führung durch das Operngebäude, zu der alle Schüler pünktlich erschienen waren. Der Chefdramaturg gab zuerst einen kurzen Überblick über die Geschichte des Operngebäudes und führte uns dann durch die Werk- und Betriebsstätten. Werkstätten sind: Malersaal, Tischlerei, Schlosserei, elektrische Anstalt, Lichtbildnerei. Davon sahen wir einen großen und einen kleinen Malsaal und die Tischlerei. Betriebsstätten sind: Lager, Speicher, Kraftzentralen und die Bühne, die in Spiel-, Mittel-, Hinterbühne bzw. Drehbühne und Seitenbühnen eingeteilt ist. Von den Betriebsstätten sahen wir das Lager oder Kulissenmagazin, das in seiner Höhe den Bühnenbildteilen angepaßt ist. Auf Hinter- und Hauptbühne fand gerade eine Probe statt, und wir konnten deshalb von da aus nur kurz in den Zuschauerraum blicken. Uns wurde erklärt, daß ein komplettes Bühnenbild auf einem Wagen stehen und auf der Seitenbühne warten kann. Binnen einer Minute kann geräuschlos das Szenenbild gewechselt werden. Die Speicher sind zum Unterbringen von Gerüsten, Vorhängen, Möbeln, Geräten, Beleuchtungsteilen und Baustoffen eingerichtet. Die Kraftzentralen bergen die elektrischen Licht- und Kraftstationen und die hydraulische Druckanlage.
Wir kamen an Proberäumen vorbei, fuhren mit dem Lift 5 Stockwerke (!) hoch, wir rochen das Essen aus der Opern-Kantine, und wir erlebten die Techniker, Schneiderinnen, Bühnenbildner und Schreiner bei der Arbeit. Die riesigen Ausmaße der Malsäle, die technischen Möglichkeiten, die vom Material als auch von den Maschinen und Einrichtungen her gegeben sind, verblüfften und faszinierten die Schüler und uns selbst. Die Ergebnisse, die durch technische Tricks und Können erzielt werden und sehr realistisch wirken, beeindruckten am meisten. Mancher Schüler beneidete die Handwerker, die auch andere Gegenstände herstellen dürfen, um eine Technik auszuprobieren, und so Gelegenheit zum Experimentieren haben. Besonders die Jungen nahmen am Ende noch viele Holzplatten und Holzreste zum Basteln mit, die sie geschenkt bekamen. Die Begeisterung für die Arbeit in den Werkstätten muß so groß gewesen sein, daß sich 2 Schüler dieses Kurses später für ihre Berufspraktikumszeit um eine Stelle bei der Oper bemühten.

Material für die Schüler zur 3. Phase

Erläuterung der mit der Oper in Zusammenhang stehenden Fachausdrücke.

Akt oder Aufzug	ist ein in sich geschlossener Abschnitt der Handlung eines dramatischen Werkes.
Dramaturg	ist ein Theaterwissenschaftler, der dem Intendanten in künstlerischer Hinsicht beratend zur Seite steht. Außerdem gehören zu seinem Arbeitsgebiet: Aufstellung des Spielplanes, Auswahl und Bearbeitung der Bühnenwerke und die Programmgestaltung.
Erstaufführung oder Premiere	ist die erste Aufführung eines dramatischen Werkes in einem anderen Lande oder in einer anderen Stadt. Der Erstaufführung ist die Uraufführung bereits vorangegangen.
Generalprobe	die letzte Durchlaufprobe vor einer Premiere
Inszenierung	heißt, ein Stück zur Aufführung vorbereiten. I. ist das Ergebnis der Probenarbeit des Regisseurs.
Intendant	ist der verantwortliche Leiter des Theaters.
Interpretation	ist die Ausdeutung und der Vortrag eines Kunstwerkes.
Interpreten	sind alle Künstler, die an der Wiedergabe eines Kunstwerkes beteiligt sind.
Libretto (ital.)	ist das Textbuch eines musikalischen Werkes.
Librettist	ist der Verfasser dieses Textbuches.
Mimik	ist die Darstellung von Ereignissen, seelischen Vorgängen durch Gebärden und Gesten ohne Gebrauch der Sprache.
Operngattungen:	
Opera seria	ist die tragische, ernste Oper.
Opera buffa	ist die komische Oper.
Regie	dieser Begriff umfaßt die ganze Tätigkeit des Regisseurs (Spielleiters), die sich in erster Linie darauf richtet, Inhalt und Aussage des Werkes deutlich werden zu lassen.
Solo	ist der Vortrag eines einzelnen Sängers oder Instrumentalisten.
Solisten	sind Sänger, Tänzer oder Musiker, die innerhalb einer Oper einzeln (solistisch) arbeiten.
Soufleur	ist der Zuflüsterer des Textes.
Szene (griech.)	heißt in der allgemeinen Bedeutung Bühne. Es ist aber auch der Ort der Handlung, bzw. der Auftritt selbst. Im Schauspiel und in der Oper werden die einzelnen Bilder, Aufzüge oder Akte in Szenen unterteilt.

Uraufführung — ist die erste Aufführung eines neugeschaffenen Bühnenwerkes.

Erklärung der musikalischen Fachausdrücke:

Arie — ist der Sologesang in Opern, Oratorien mit Orchesterbegleitung.

Duett — ist ein Gesangsstück mit zwei Stimmen mit oder ohne Begleitung.

Ouvertüre — ist die instrumentale Einleitung einer Oper, in der die wichtigsten musikalischen Motive vorgestellt werden.

Rezitativ — ist ein Sprechgesang, der meist die Handlung vorantreibt oder Unwesentliches schnell in berichtender Form wiedergibt.

Bezeichnung der Stimmlagen:

Frauenstimmen:

Alt: — Bezeichnung für eine tiefe Frauen- oder Knabenstimme.

Mezzosopran: — eine Frauen- oder Knabenstimme, die zwischen Sopran und Alt liegt.

Sopran: — ist die höchste Frauen- oder Knabenstimme.

Männerstimmen:

Bariton: — ist eine Männerstimme, die zwischen Baß und Tenor liegt.

Baß: — ist die tiefste Männerstimme.

Tenor: — ist die hohe Männerstimme.

Das Kulissenmagazin für die Bühnenbilder und Dekorationsgegenstände beeindruckte durch seine enorme Höhe. Wir entdeckten die »Bäume« aus Don Giovanni, die nur aus einem mit Maschendraht bespanntem Gerüst bestehen, das mit grünen Papierknäueln bespickt ist. Der Anschein von Bäumen war lediglich durch Lichteffekte erzielt worden. Der Dramaturg meinte dazu: »Beleuchtung ist alles!«
Zuletzt gelangten wir zum Damenkostümraum, wo der Dramaturg uns besonders eindrucksvolle Kostüme aus verschiedenen Opern zeigte. Die Opern wurden dabei kurz charakterisiert. Die Schüler interessierten sich sogar für die Kostüme aus Don Giovanni und wollten sie sehen, obwohl diese uns nicht als besonders bemerkenswert aufgefallen waren. Das Kostüm der Maria Stuart, das 40 Pfund wog, durften die Schüler anheben.
Von den Mädchen waren viele zwischen den Kleiderstangen verschwunden und wühlten alles durch, die Jungen waren auch sehr interessiert, unterließen es aber, sich die Kleider anzuhalten. Ein Mädchen, das sich schon bei der Vor-

Bilder zur 3. Phase. Besichtigung des großen Malsaales. Rechts unten: Absaugvorrichtung für Leimdämpfe im kleinen Malsaal.

bereitung hervorgetan hatte, stellte währenddessen dem Dramaturgen schon die verschiedensten Fragen, die er ihr im voraus beantwortete.
Nach der 2stündigen Führung mit vielen langen zurückgelegten Strecken, treppauf und treppab, stellten die Schüler noch die von ihnen vorbereiteten Fragen, die während der Führung noch nicht beantwortet worden waren. Der Dramaturg verstand es hier, wie auch während der ganzen Führung, den Schülern ihre Fragen geduldig und humorvoll zu beantworten und seine Erzählungen mit anschaulichen Detailschilderungen zu schmücken.
In der nächsten Unterrichtsstunde erzählten einige Schüler zunächst, was ihnen so am meisten aufgefallen war oder was ihnen noch in Erinnerung geblieben ist. Einige Schüleräußerungen wollen wir hier wörtlich wiedergeben:

- »Besonders hat mir die Bühnendekoration gefallen, sie war sehr realistisch.«
- »Alles war so groß, das habe ich mir nie so vorgestellt.«
- »Die Ränge sahen von der Bühne aus so klein aus.«
- »Der Wald war sehr beeindruckend.«
- »Wie die die ganze Ordnung herstellen!«

Danach wurden die vom Dramaturgen beantworteten Fragen, die die Schüler sich notiert hatten, zusammengetragen und diskutiert.
Z. B.:

- Anzahl der Beschäftigten in den Werkstätten ca. 50 Leute.
- Es wird wochenlang für ein Bühnenbild gearbeitet.
- Das Bühnenbild für die Zauberflöte ist schon so brüchig, daß es nur noch »vom Staub zusammengehalten wird« (Dramaturg). Aus diesem Grund wird eine Neuinszenierung nötig.
- Eine Oper dauert von der Planung bis zur Aufführung ca. 3 Jahre.
- Wegen der Abonnenten ist man verpflichtet, den Spielplan so zu variieren, daß die Opern nicht öfter hintereinander gespielt werden können.
- Das Orchester besteht aus 137 Mann, die schichtweise arbeiten.
- Die Orchestermitglieder können nicht selbst bestimmen, wo sie mitspielen.
- Die monatlichen Gagen sind unterschiedlich. Ein Konzertmeister erhält beispielsweise 6000.– DM.
- Die Instrumente gehören der Oper, bis auf einige wenige Ausnahmen.
- Frack ist vorgeschrieben (für Orchestermitglieder).
- Es gibt ein festes Hausensemble, Starbesetzungen werden vom Dirigenten und dem Regisseur bestimmt, und die Stars werden engagiert. Die Stars wechseln von Oper zu Oper.
- Eine Probe wird den Sängern nicht extra bezahlt, außer den Star-Sängern.
- Die Sänger erhalten einen Solo-Normalvertrag zwischen 3000.– und 6000.– DM pro Abend.
- Star-Sänger erhalten ca. 20 000.– DM.
- Der gesamte Opernetat beläuft sich auf 55 000 000.– DM pro Jahr, davon werden 40 000 000.– DM durch Subventionen aus Steuergeldern bestritten.
- etc., etc.

Als die Informationen ausgetauscht bzw. sie nochmal ins Gedächtnis gerufen worden waren, entwickelte sich eine Diskussion, die vom Lehrer stark gelenkt wurde, indem er an die Schüler Fragen stellte und Zusatzinformationen gab. Z. B.:

- Ist der Aufwand für die Oper gerechtfertigt?
- Wie wird von seiten des Staates der Aufwand gerechtfertigt?
- Eine Schule kostet nur 6 Millionen DM.
- Zuerst müßten die Schulen gefördert werden, damit alle an der Kultur teilhaben können.
- Wenn Subventionen wegfallen, würden die Kosten für eine Karte um das 4fache steigen.
- Die Selbstkosten würden die Oper ruinieren.
- 40 Millionen müßten an Gagen, Dekorationen, Kostümen, Technik eingespart werden.
- Was würde unter den Einsparungen leiden?
- etc., etc.

Die Schüler tendierten bei diesem Gespräch jetzt eher zu Kompromissen. Ein Schüler meinte, daß, wenn ein Opernsänger bisher 50 000.– DM an Gage pro Monat verdient habe, 25 000.– DM auch noch genügen würden. Eine radikalere Kürzung mochte er nicht mehr erwägen.

4.3.4 4. Phase

Das Zahlenmaterial für die beiden letzten Stunden der Unterrichtseinheit hatten wir dem Haushaltsplan für das Land Berlin 1976 und dem für den Bezirk Reinickendorf 1976 entnommen. Eine Statistik über die soziale Struktur der Opern- und Theaterbesucher in Berlin hatten wir weder bei den verschiedenen Theaterbüros, noch beim Senator für Kulturelle Angelegenheiten erhalten können. Von dort erfuhren wir erst Ende Juni, daß 1969 letztmalig eine Untersuchung über das Berliner Theaterpublikum vom Institut für angewandte Sozialwissenschaft (infas) in Bad Godesberg durchgeführt worden war, bei der aber eine Spezifikation des Opernpublikums fehlte und nicht veröffentlicht worden war. Da also nicht zu erfahren war, wieviel Prozent der Bevölkerung als »Opernpublikum« in Frage kommen und aus welcher(en) Schicht(en) es sich zusammensetzt, machten wir differenzierte Angaben, um die Vermutungen darüber durch Rechenüberlegungen einzugrenzen. (Siehe dazu das Papier über: »Statistische Angaben der verschiedenen Besuchergruppen der Deutschen Oper in der Spielzeit 1974/75«.)
513 813 Opernbesucher/Jahr von 1 683 000 statistisch möglichen Opernbesuchern = ca. 1/3 der in Frage kommenden Bevölkerungsanzahl, davon sind aber 8,1 % Abonnenten und 38,3 % Mitglieder von Theaterbesucher-Organisationen, also Personen, die pro Jahr häufiger in die Oper gehen. Es ist auch anzunehmen, daß die übrigen Personenkreise, die Tageskarten, Schüler- und Studentenkarten kaufen oder Vorzugs- und Ehrenkarten erhalten, pro Jahr öfter die

<u>Statistische Angaben der verschiedenen Besuchergruppen der Deutschen Oper in der Spielzeit 1974/75</u>

35,9 %	Tageskarten
8,1 %	Abonnenten (10 Opernbesuche/Jahr)
38,3 %	Mitglieder von Theaterbesucher-Organisationen (2 Opernbesuche /Jahr)
7,2 %	Schüler- und Studentenkarten
5,6 %	mit Vorzugskarten
4,9 %	mit Ehrenkarten und Freikarten auf Dienstplätzen

<u>Anzahl der Vorstellungen der Deutschen Oper</u>

jährlich werden 322 Vorstellungen gemacht.

Davon sind:	264	Opern
	7	Operetten
	51	Ballette

Aus den Statistiken erfährt man, daß Berlin (West) eine Bevölkerungszahl hat von:

	1 242 000	zwischen 15 und 65 Jahren.
Davon sind	850 000	erwerbstätig, also Steuerzahler.
	440 000	sind über 65 Jahre alt.
	1 683 000	sind mögliche Opernbesucher. Statistisch gesehen setzt sich aus dieser Zahl das Opernpublikum zusammen.
	513 813	Besucher gehen pro Jahr in die Oper, wobei zu beachten ist, daß es sich oft um die selben Personen handelt, die häufiger in die Oper gehen. Der tatsächliche Personenkreis ist also viel geringer.

Aus dem Haushaltsplan 1976 können wir sehen, daß im Bezirk <u>Reinickendorf</u> für Jugendpflegestätten (Freizeitstätten, Spielplätze, Abenteuerspielplätze)

	7 760 300,-- DM	ausgegeben wurden.
Für die Oper 1976	52 080 600,-- DM	
Für Realschulen in Reinickendorf	11 512 000,-- DM	für Gehälter, Lehrmittel, Schul- und Hausgeräte, schulische Veranstaltungen und allgemeine Verbrauchsmaterialien

Oper besuchen, so daß der tatsächliche Prozentsatz der Opernbesucher weitaus geringer sein dürfte.

Das Papier mit dem Zahlenmaterial siehe oben wurde zu Beginn der Doppelstunde an die Schüler verteilt und von uns vorgelesen und erklärt. Dabei wurden

Begriffe erläutert (z. B. Jugendpflegestätten, Lehrmittel) und die Fragen der Schüler beantwortet. Wir beobachteten, daß die Schüler sich dazu Notizen machten.
Die Kassette mit dem Hörspiel »Papa, Charly hat gesagt . . .« wurde zum besseren Verständnis und zur besseren Erinnerung für die anschließenden Fragen zweimal vorgespielt, ohne von uns kommentiert zu werden. Die Schüler stellten Verständnisfragen und hörten interessiert zu.

»Papa, Charly hat gesagt . . .«

Vater: »Bitte? Was hat Charly gesagt?«
Sohn: »Charly's Vater hat das gesagt.«
Vater: »Ja – was denn?«
Sohn: »In die Oper kriegen ihn keine zehn Pferde mehr.«
Vater: »So. So. Hat er das gesagt? Will ihm ja auch keiner ein Pferd schenken. Davon versteht er ja sowieso nichts.«
Sohn: »Von was – von Pferden?»
Vater: »Quatsch. Von der Oper meine ich. –
Sag mal, hast du meine Manschettenknöpfe nicht gesehen?«
Sohn: »Nö. Welche?«
Vater: »Na die goldenen.«
Sohn: »Die mit dem Löwenkopf?«
Vater: »Ja, ja. Wo sind die bloß?«
Sohn: »Weiß ich doch nicht.«
Vater: »Ach Gott nochmal, vorigen Sonntag habe ich sie doch noch . . .«
Sohn: »Du, Papa, verstehst du eigentlich was von der Oper?«
Vater: »Was? Ja, ja, ja sicher, seit wir unser Abonnement haben. – Warum fragst du denn?«
Sohn: »Charly sagt, sein Vater, der war mal in der Oper. Ich glaube, da hat er Freikarten geschenkt bekommen von 'nem Kunden. Also – die hatte einen ganz komischen Namen.«
Vater: »Wie hieß sie denn?«
Sohn: »Ich komm jetzt nicht drauf. Irgend so 'was mit Jammertour.«
Vater: »Jammertour?«
Sohn: »Louise auf Jammertour oder so. Aber ich glaube, die gibt's gar nicht.«
Vater: (lacht) »Lucia di Lammermoor meinst du. Ja, ja, die gibt's.«
Sohn: »Genau. Aber ich glaub', da hat Charly's Vater nur einen Witz gemacht. Oder Charly.«
Vater: »Die ist sogar ziemlich bekannt.«
Sohn: »Charly's Vater hat gesagt, er hat kein Wort verstanden. Ihm ist das alles zu hoch . . .«
Vater: »Das kann ich mir denken. In der Oper geht es ja auch mehr um Musik als um Sprechen.«
Sohn: »Ist Musik 'was Höheres als Sprechen?«

Vater: »Äh. – Ja, ja, in gewissem Sinne doch – ja.«

Sohn: »Die da hingehen – ziehen die sich deshalb so fein an? Charly's Vater hat gesagt, ihm sind die Leute auf den Wecker gefallen.«

Vater: »Das kann ich mir denken. Da paßt Charly's Vater wohl auch nicht so richtig hin.«

Sohn: »Warum nicht?«

Vater: »Na, weiß du, Charly's Vater ist eben nur ein einfacher Arbeiter.«

Sohn: »Stimmt gar nicht. Der ist Facharbeiter. Vorarbeiter sogar.«

Vater: »Na schön. Vorarbeiter. Aber das Opernpublikum, das rekrutiert sich eben . . . Na ja, ich will sagen, das sind eben andere Kreise. Da ist man unter sich. Und das spürt Charly's Vater dann natürlich – daß er da nicht dazugehört. Und deshalb fühlt er sich da auch nicht wohl.«

Sohn: »Charly's Vater hat gesagt, das sind lauter Snobs, denen man die Dummheit schon am Smokingknopf ansieht.«

Vater: »Na, was der unter einem Snob versteht . . . – Also hör mal, frag doch mal die Mama, ob die nicht weiß, wo meine Manschettenknöpfe sind.«

Sohn: »Wo?«

Vater: »Weiß ich doch eben nicht. Deshalb sollst du ja die Mama fragen!«

Sohn: »Ich meine, wo ist Mama?«

Vater: »Weiß ich auch nicht. Im Bad oder in der Diele. Sie macht sich fertig.«

Sohn: »Wo geht ihr eigentlich hin?«

Vater: »In die Oper. Das haben wir dir doch gesagt.«

Sohn: »Ja, aber ich meine in was? In welches Stück?«

Vater: »In welches Stück!? Warte mal. Moment; heute ist doch Freitag, nicht? Also Freitag. Da gibt's – entweder gibt's da den Lohengrin am Freitag oder die Fledermaus. Zum Donnerwetter, ist das denn die Zeitung von heute?«

Sohn: »Weiß ich nicht. Du, Papa – was ist eigentlich ein Snob?«

Vater: »Äh. Jemand, der Umgang sucht mit höher Gestellten, obwohl er nicht dazu gehört.«

Sohn: »Das tut Charly's Vater doch gar nicht.«

Vater: »Na Gott sei Dank. Sein Versuch mit der Oper hat ihn wohl kuriert.«

Sohn: »Charly's Vater sieht lieber fern.«

Vater: »Na bitte. Das Pantoffelkino. Vermutlich den Millowitsch. Das paßt auch besser.«

Sohn: »Ja, den Millowitsch und das Ohnsorg-Theater sieht er am liebsten. Charly's Vater sagt, da kann er wenigstens lachen. Oper findet er stinklangweilig.«

Vater: »Ach, das ist aber auch ein Vergleich . . .!«

Sohn: »Was für'n Vergleich?«

Vater: »Na, den Millowitsch mit der Oper zu vergleichen, das geht doch nicht.«

Sohn: »Aber der Millowitsch ist doch eigentlich ganz ulkig.«

Vater: »Ulkig! Vielleicht. Aber das hat doch nichts mit Kunst zu tun. Charly's Vater versteht eben nichts von Musik. Deshalb mag er keine Oper.«

Sohn: »Was soll man denn da verstehen?«

Vater: »Sieh mal, die Mama, die hat doch z. B., bevor wir geheiratet haben, an der Universität Musikgeschichte studiert. Nicht ganz zu Ende, aber doch ein paar Semester. Die kennt sich doch aus in der Musik. Auch weil wir das Klavier haben. Da kann sie doch mitreden.«

Sohn: »Und du?«

Vater: »Na – ich auch. Nicht so gut wie deine Mutter natürlich. Ich gehe auch mal ganz gern ins Theater. Also ins Schauspiel.«

Sohn: »Und warum geht ihr nicht öfter ins Theater?«

Vater: »Wir gehen ja. Wir sehen ja auch viel im Fernsehen. Außerdem haben wir eben das Opernabonnement.«

Sohn: »Was ist eigentlich ein Opernabonnement?«

Vater: »Ein Abonnement. Ein Abonnement – das ist eben die Opern- oder Theatermiete. Da kauft man am Anfang einer Spielzeit, wenn das Theater los geht, ein Abonnement. Und dann kann man im Laufe des Jahres alle Stücke sehen, die gegeben werden.

Sohn: »Alle? Auch was blöd ist?«

Vater: »Was heißt denn blöd?! Beim Opernabonnement sind das eben die Opern, auch Operette und Ballett. Aber das kann man sich ja auch aussuchen oder man kann tauschen. Außerdem hat so ein Abonnement noch eine Menge Vorteile.«

Sohn: »Was für Vorteile denn?«

Vater: »Na – man hat eben z. B. immer denselben Platz. Und die Karten sind billiger als an der Theaterkasse. Und man weiß eben schon immer vorher, welche Stücke kommen.«

Sohn: »Weißt du doch gar nicht.«

Vater: »Natürlich weiß ich das.«

Sohn: »Aber nicht heute abend. Das hast du selber gesagt.«

Vater: »Ja, weil ich die Zeitung nicht finden kann. Deshalb sollst du ja die Mama fragen. Nun geh' doch jetzt endlich.«

Sohn: »Ich geh doch schon.«

Vater: »Und frag sie auch, wo meine Manschettenknöpfe sind.«

Sohn: »Die Mama weiß das auch nicht. Sie meint, es gibt die Fledermaus oder Verdi. Du sollst mal in der Zeitung nachsehen.«

Vater: »Wenn die verdammte Zeitung da wäre! Wo sind denn nun meine Manschettenknöpfe?«

Sohn: »Weiß Mama auch nicht. Sie sind da, wo sie immer sind, im Nachttisch.«

Vater: »Da habe ich doch schon geguckt!«

Sohn: »Du Papa, wenn Opern was Höheres sind – mit wem redet ihr dann eigentlich so darüber, du und Mama?«

Vater: »In der Pause oder nach der Vorstellung, da trifft man sich mit Bekannten. Dann trinkt man was und redet . . .«

Sohn: »Na mit wem denn?«

Vater: »Mm. Zum Beispiel mit Dr. Eberbach und seiner . . .«

Sohn: »Dein Chef?«

Vater: »Ja, ja. Den Eberbachs oder den Hesslingers, dem Fabrikanten und seiner Frau. Wer eben gerade da ist. Da kommen sogar Künstler an unsere Tische.«

Sohn: »Die können alle darüber reden?«

Vater: »Besser sogar als wir.«

Sohn: »Weil die höher gestellt sind?«

Vater: »Hör mal – worauf willst du denn hinaus? Willst du vielleicht sagen, daß ich ein Snob bin?«

Sohn: »Nö. Du doch nicht.«

Die letzte Stunde wurde dazu verwandt, die Schüler den Fragebogen beantworten zu lassen (vgl. Abb. S. 82). Sie sollten genug Zeit haben, das in der letzten Stunde Gehörte zusammen mit den gesamten Erfahrungen zu reflektieren und schriftlich zu formulieren.
Wir hatten versucht, die Fragen so zu stellen, daß die Schüler nicht nur mit ja oder nein würden antworten können, sondern zu einer ausführlicheren Stellungnahme gezwungen waren. Die Fragen beziehen sich teilweise direkt auf das Hörspiel: Frage 1, 2, 3. Die 4. Frage wiederholte Informationen, die ergänzt worden waren, um danach nach der Rechtfertigung des Aufwands zu fragen. Frage 5 nimmt Bezug auf Angaben im Informationspapier. Die Fragen 6 und 7 sollten dazu dienen, die Schüler zu weiterführenden Gedanken zu veranlassen. Sie konnten dabei nicht auf stattgefundene Diskussionen Bezug nehmen. Die letzten 2 Fragen hätten auch in einer Diskussionsrunde gestellt werden können; jedoch lehnten wir eine weiterführende Diskussion aus methodischen Erwägungen ab und beließen es bei der schriftlichen Form der Beantwortung.

Schülerantworten zu Fragebogen 3

Frage 1: Haben Opernbesucher wirklich mehr fachliches Verständnis als andere Leute? (Erinnere Dich an das Interview)

Fragebogen 3

Bitte die Fragen schriftlich beantworten. Nicht nur mit Ja und Nein antworten!

1. Haben Opernbesucher wirklich mehr fachliches Verständnis für Opern als andere Leute? (erinnere Dich an das Interview!)

2. Warum geht Charly's Vater nicht gern in die Oper? und aus welchen Gründen soll er angeblich da nicht hinpassen?

3. Würdest Du Opernbesucher auch als Snobs bezeichnen? (Snob = Vornehmtuer)

4. Die Oper erhält jährlich 45 000 000 Millionen DM Subventionen

   Mit 7 500 000 Millionen DM nur trägt sie sich selbst.

   Jährlich werden 50 verschiedene Opern und 19 Ballette aufgeführt.

   In einer Saison (74/75 wurden 5 verschiedene Wagner-Opern nur jeweils 1 x aufgeführt, eine nur 2 x.

   Wie ist der Aufwand zu erklären?

   Findest Du ihn gerechtfertigt?

5. Wie erklärst Du Dir, daß vom Staat speziell für diese kulturelle Einrichtung im Vergleich zu anderen Bildungseinrichtungen (im Schulbereich und Freizeitbereich) eine umsoviel höhere finanzielle Unterstützung gewährt wird?

6. Wie könnten die Opernhäuser in der Bundesrepublik Deutschland und in West-Berlin billiger arbeiten, damit der Staat mehr Geld einspart?

7. Hältst Du die Oper noch für eine zeitgemäße künstlerische Unterhaltungsform? Welche Elemente sollten oder könnten Deiner Meinung nach verändert werden? (Der Inhalt, die Sprache, die Musik, die schauspielerische Darstellung, die Kostüme, oder die Kulisse)?

Jörg W.
Einige haben etwas mehr Verständnis, weil sie sich für die Musik interessieren, ein anderer Teil nur um anzugeben.

Roswitha W.
Nein! Sie gehen zur Unterhaltung hin. Die wenigsten gehen wegen ihres Musikinteresses hin.
Wieland V.
Die meisten Leute haben schon mehr Verständnis für Opern. Manche gehen auch nur hin, weil es ihnen Spaß macht oder weil sie dann sagen können, sie sind dagewesen.
Sabine Th.
Man kann sagen, daß Leute, die öfter in die Oper gehen, sich dafür interessieren, was dort geschieht und dadurch (wenn nicht schon früher) darüber Bescheid wissen.
Dirk Sch.
Einige haben es. Doch es gehen auch viele hin, weil sie gesellschaftliche Verpflichtungen haben oder einfach, um die Zeit totzuschlagen.
Beate P.
Nein, denn sie verstehen von Musik halbsoviel wie sie vorgeben. Sie meinen zwar, daß sie etwas höhergestellt sind, aber in Wirklichkeit kommt es ihnen wahrscheinlich darauf an, gesehen zu werden.
Angela H.
Die meisten gehen zur Unterhaltung hin, nicht um sich fachliches Wissen anzueignen.

Frage 4: . . . Wie ist der Aufwand zu erklären? Findest Du ihn gerechtfertigt?

Jörg W.
Sie wollen die Opern interessant machen und glauben, wenn sie nur eine Aufführung machen, kommen mehr Leute. Außerdem haben sie Angst, daß den Leuten ein Stück zu schnell langweilig wird. Den Aufwand finde ich nicht gerechtfertigt: Denn für die paar Prozent aller Einwohner, die in die Oper gehen, finde ich es nicht gerecht, daß alle steuerpflichtigen Einwohner Steuern bezahlen, weil ein paar Leute sich dafür interessieren. Dann soll der Staat die Zuschüsse nicht so hoch machen, und die Interessierten sollen etwas mehr Eintritt bezahlen.
Roswitha W.
Die Leute, die in die Oper gehen, wollen auch schöne Kulissen sehen usw. Ein großer Teil würde wegbleiben, wenn die ganze Zeit nur ein Baum auf der Bühne stünde. Dazu wird eben der Aufwand gemacht.
Wieland V.
Die Leute, die ein Abonnement haben, wollen soviel Auswahl wie möglich haben. Also jeden Tag eine andere. Nein, ich finde ihn nicht gerechtfertigt, da normale Berufstätige nicht jeden Tag Zeit haben.
Dirk S.
Die Abonnenten haben ein Recht darauf, nicht andauernd das gleiche Stück vorgesetzt zu bekommen. Ich finde es gut, daß mal etwas anderes gespielt wird.

Harald G.
Man muß ein »Kulturzentrum« und »Schaustück« für Besucher aus Auswärts haben. Außerdem gibt es Saisonkarten, für die man, wenn man sie hat, in jedes Opernstück gehen kann. Wenn man nun aber im Frühjahr »Fledermaus« sieht und ein paar Wochen oder Monate später wieder, dann lohnt sich ja die Ausgabe nicht. Da ich kein Opernfreund bin, versuche ich trotzdem ein wenig objektiv zu urteilen. Meine Meinung: Die staatlichen Zuschüsse sind zu hoch für dieses Sing-Sang.
Beate P.
Sie wollen nicht, daß Abonnenten ein Stück mehrmals hintereinander sehen müssen.
In Hinblick darauf vielleicht, aber für die Steuerzahler, mit deren Geld das ganze finanziert wird und die eventuell nicht in die Oper gehen, ist es ungerecht. Das Geld könnte für bessere Zwecke verwendet werden.
Bettina K.
Ich finde, es wird zuviel Geld in die Oper gesteckt. Es sollte mehr für die Kinder getan werden.
Sabine K.
Nein, man könnte an der Oper sparen oder sie sich selbst finanzieren lassen. Man könnte wirklich mehr aus dem Geld machen, z. B. Freizeitheime bauen lassen, oder Schulen renovieren.
Angela H.
Der Aufwand ist damit zu erklären, daß die Opernbesucher schöne Kulissen, hübsche Kleidung und ihre Lieblingssänger wünschen. Das viele Geld, das in die Oper gesteckt wird, würde bestimmt irgendwo anders fehlen und auch angebracht sein (Schulen).
Rainer E.
Es wird zuviel an Gehältern gezahlt. Wenn der Staat etwas weniger zahlen würde, müßte die Oper auch sparen. Schließlich wird ja jetzt überall gespart, also warum nicht auch bei der Oper. Die Ausgaben sind bestimmt nicht gerechtfertigt, denn irgendwo wäre das viele Geld bestimmt besser aufgehoben.

Frage 5: Wie erklärst Du Dir, daß vom Staat speziell für diese kulturelle Einrichtung im Vergleich zu anderen Bildungseinrichtungen (im Schulbereich und Freizeitbereich) eine finanzielle Unterstützung in dieser Höhe gewährt wird?

Jörg W.
Damit die Oper für jede Schicht ist. Wenn die Eintrittspreise so sehr hoch wären, würden noch weniger Arbeiter kommen.
Roswitha W.
Damit gute Sänger engagiert werden können, außerdem müßte man die Karten verdoppeln, so daß es schon eine finanzielle Frage sein würde, ob man in die Oper geht oder nicht.

Sabine T.
Um ein weiteres Wahrzeichen, ein weiteres Prunkstück von Berlin den Besuchern zeigen zu können.
Dirk S.
Weil an der Oper Kunst gemacht wird, und da jeder in die Oper gehen kann, ist es förderungswürdig.
Ines S.
Wenn die Oper keine Unterstützung bekommen würde, müßte man die Karten auf das Doppelte erhöhen (ca. 130.– DM), und dann könnten einfache Angestellte nicht mehr in die Oper gehen (nur noch Millionäre).
Harald G.
Weil mehr älteres, reicheres, einflußreiches Publikum dorthin geht.
Beate P.
Sie meinen, diese kulturelle Stelle darf nicht verrotten, sie soll als Aushängeschild dienen. Wenn Staatsbesuch kommt, wollen sie sagen können, ja bei uns ist jeden Tag eine andere Oper.
Bettina K.
Damit gute Sänger engagiert werden, damit mehr Besucher in die Oper gehen.
Angela H.
Weil man die Eintrittskarten ohne staatliche Unterstützung auf das Dreifache erhöhen müßte. Ergebnis: Arbeiter könnten sich einen Opernbesuch nicht mehr leisten.
o.N.
Da auch andere Leute in die Oper gehen z.B. Rentner kann man nicht nur das Geld für Schulen und andere Freizeitsachen ausgeben. Aber man soll wiederum keine Unmengen von Geldern in die Oper stecken.
Rainer E.
Weil dort die höhere Gesellschaft hingeht, und deshalb kann der Staat nicht einfach die Zahlungen einschränken oder sogar einstellen.

Frage 6: Wie könnten die Opernhäuser in der BRD und West-Berlin billiger arbeiten, damit der Staat mehr Geld einspart?

Jörg W.
Den Opernstars nicht so hohe Abendgagen zahlen. Die Probe soll nicht mit bezahlt werden. Ich finde es nicht gut, daß Opernstars bis zu 200 000 DM im Monat bekommen, ich finde 10 bis 20 000 DM im Monat sind auch genug, und das ist schon beinahe zuviel.
Roswitha W.
Sie müßten bei den Kostümen einsparen.
Ines S.
. . . Eigentlich könnte man bei der Ausstattung der Opernhäuser sparen. Die brauchen nicht ganz so prunkvoll auszusehen.

Harald G.
Sie könnten sich ja Kulissen und Schauspieler untereinander ausleihen. Sich nicht gegenseitig Konkurrenz machen.
Sabine K.
Man könnte an den Schauspielern sparen und am Bühnenbild oder an dem ganzen Aufwand für die Oper.
Angela H.
Die Opernsänger müßten weniger Gage bekommen und am Kulissenaufwand könnte man auch sparen.
Christian A.
Sie könnten an den Opernsängern eine Menge Geld einsparen, indem sie immer die gleichen Sänger nehmen würden. Und an den Ausstattungen und Kulissen. Für die Kulissen könnten sie billigeres Material verwenden.

Frage 7: Hältst Du die Oper noch für eine zeitgemäße künstlerische Unterhaltungsform? Welche Elemente sollten oder könnten Deiner Meinung nach verändert werden? (Der Inhalt, die Sprache, die Musik, die schauspielerische Darstellung, die Kostüme, oder die Kulisse?)

Jörg W.
Heute finde ich die Oper nicht mehr als Unterhaltung so gut, ich finde, wenn man der Oper nur erlauben würde 1–2 mal in der Woche zu spielen, würde das völlig genügen. Der Inhalt müßte verändert werden, nicht so altertümlich abgefaßt, sondern ein bißchen moderner, legerer. Die schauspielerische Darstellung müßte nicht so übertrieben sein. Und die Musik müßte man ein bißchen zurückhaltender machen, damit meine ich, die Musik müßte nicht so vorstechen, sondern die schauspielerische Leistung müßte mehr in den Vordergrund gerückt werden.
Wieland V.
Man sollte mal eine Oper mit normalen Kleidern komponieren (Mäntel, Hüte). Also eine Oper, die in unsere Zeit paßt.
Sabine T.
Ja, das ist eine reine Geschmacksache. Wenn es immer noch Leute gibt, die die Oper besuchen, muß es noch eine zeitgemäße künstlerische Unterhaltungsform sein. Meiner Meinung nach ist es noch eine.
Dirk S.
Nein, das finde ich nicht. Früher, als es nur die Oper gab, war es vielleicht gut. Heute gibt es sehr viel anderes. In die Oper geht ja nur ein Bruchteil der Bevölkerung. Man sollte die Sprache verändern, damit es jeder versteht. Man sollte die Musik verändern, damit es jedem gefällt.
Ines S.
Nur für die, die von der Oper noch etwas verstehen. Die Sprache müßte man ändern.
1. alles in deutsch

2. deutlicher, daß man was versteht.
Harald G.
. . . Verändert werden sollten diese eigenartigen Bühnenbilder, die Musik, die hohen Gagen, die albernen Gesänge usw.
Beate P.
Nein, Inhalt könnte bleiben, Sprache müßte geändert werden, Musik müßte durchgehend schneller sein. Schauspielerische Leistung mehr zum Publikum gerichtet. Kostüme könnten so bleiben, Kulisse müßte freundlicher sein.

4.4 Auswertung der Unterrichtseinheit

Mit der Vorbereitung, Durchführung und Nachbereitung der Stunden waren vier Phasen entstanden, in die der unterrichtspraktische Teil im Nachhinein gegliedert werden konnte: Bei der 1. Phase handelte es sich um die zwei Fragebögen und die sich daran anschließenden Gespräche, die 2. Phase beinhaltete den Opernbesuch (einschließlich der Vor- und Nachbereitung), die 3. Phase den Besuch des Operngebäudes, ebenfalls mit den Vor- und Nachbereitungen und die 4. Phase schloß mit dem Hörspiel: »Papa, Charly hat gesagt . . .« und einem Fragebogen die Unterrichtseinheit ab. In der folgenden Auswertung dieser vier Phasen sollen sowohl die einzelnen Stundenabläufe, als auch die gesamte Unterrichtseinheit reflektiert werden.

4.4.1 1. Phase

Die Mitarbeit der Schüler war von Anfang an sehr gut. Schon in der 1. Phase wurden wir von dem Interesse der Schüler überrascht. Der Einstieg über den Fragebogen, der nach dem Ankreuzverfahren auszufüllen war, stellte sich als positiv heraus. Beide Fragebögen ermöglichten den Schülern, beim Unterrichtsgespräch sich auf ihre schriftlichen Notizen zu stützen, wodurch sich auch solche Schüler am Gespräch beteiligten, die sich sonst nicht spontan äußern, sondern sich stark zurückhalten. So fand das Gespräch zwischen dem Lehrer und der gesamten Klasse statt (vgl. hierzu Schaubilder S. 88).
Aus den Schüleräußerungen ist zu entnehmen, daß die Schüler die gesellschaftliche Bedeutung der Oper als eine größere erkennen, als man allgemein annimmt. Die Erwartungen an den Opernbesuch waren allerdings nicht sehr groß. Viele schätzten die Oper eher langweilig und komisch ein, als z.B. schön oder interessant (vgl. hierzu S. 57 und Schaubild S. 88).
Im Laufe des Gesprächs war das Verhältnis von Geld und Bildung angesprochen worden. Wir hatten uns vorgenommen, diese Thematik zu einem späteren Zeitpunkt wieder aufzugreifen und genauer herauszuarbeiten. Dazu war es aber im Laufe der Unterrichtseinheit mit der beabsichtigten Deutlichkeit nicht mehr gekommen.

Schaubild 1 zu 4.4.1

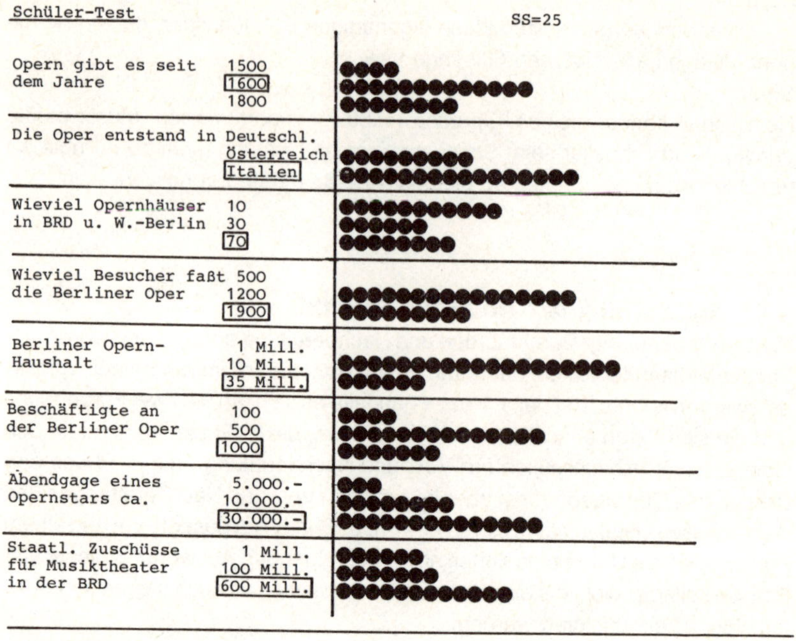

Schaubild 2 zu 4.4.1

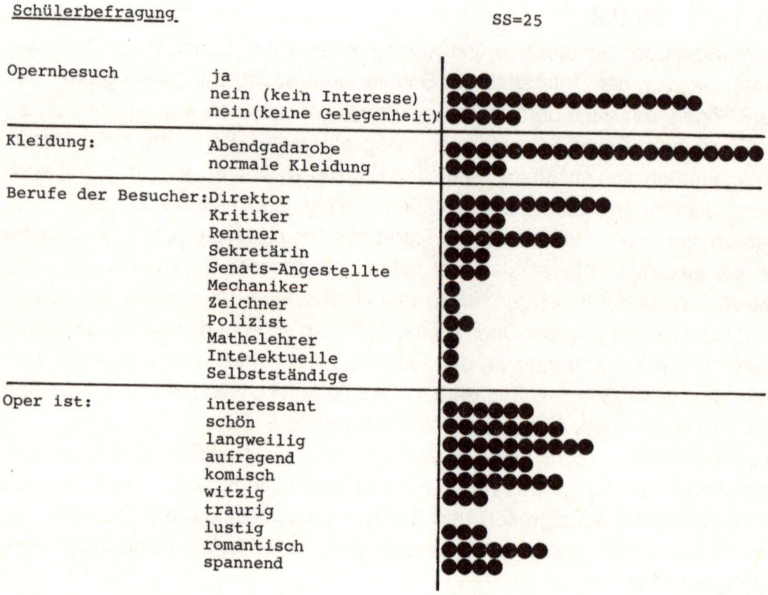

4.4.2. 2. Phase

Nach der inhaltlichen Erarbeitung der »Don-Giovanni«-Oper konnten wir bei der anschließenden Reflexion feststellen, daß die Schüler sehr gut und konzentriert mitgearbeitet hatten. Das beweisen z.T. die Szenenfotos von den Rollenspielen. Unsicherheiten wurden im Spielverhalten deutlich. Einige Schüler wandten sich auf der Bühne beim freien Spiel immer mit dem Rücken zur übrigen Klasse, also dem Publikum.

Daß eine gewisse Identifikation der Schüler mit den Personen des Stücks gelungen war, entnahmen wir aus Schüleräußerungen. Z. B. tauschten zwei Mädchen die Rollen der Anna und der Elvira aus, weil, wie die eine sagte, die Elvira ihr mehr liege. Ein Junge wehrte die Rolle des Don Giovanni entrüstet mit den Worten ab: »Ich bin doch kein Don Juan!«

Das Interesse der Schüler und ihre Motivation, sich mit den Rollen auseinanderzusetzen, zeigte uns, daß es möglich ist, eine den Schülern nicht vertraute kulturelle Erscheinungsform in ihren Interessenbereich zu bringen, ohne vorher an ihre so viel zitierten »unmittelbaren Bedürfnisse« anknüpfen zu müssen.

Während der Opernaufführung verhielten sich die Schüler, die in bezug auf Opernkonsum unvoreingenommen und wertfrei geblieben waren, gelangweilt und aggressiv.

Es war zu erwarten gewesen, daß sie nicht angepaßt an die für sie neue Umgebung und Situation, eingezwängt in schmale Sitzreihen, 3 1/2 Stunden lang italienischen Gesängen würden zuhören können, ohne das Geringste zu verstehen.

Wie aus den Schüler-Äußerungen zu erkennen ist, hatten sie genau wahrgenommen, daß ein Großteil der Leute ebensowenig verstand wie sie selbst, keine Fachkenntnisse hatte, aber Interesse heuchelte und – ungeachtet der tatsächlichen Qualität der Aufführung – ein angepaßtes und störfreies Verhalten verlangte. Ein Schüler sagte später: »Da saß eine Alte vor uns, zuerst hat sie mit uns gemeckert, aber dann ist sie doch eingeschlafen!«

Aus dieser widersprüchlichen Atmosphäre heraus ist unseres Erachtens das teils aggressive, teils kichernde und gelangweilte Verhalten zu verstehen.

Die Besprechung des Opernbesuches verlief sehr positiv. Die Schüler zeigten eine ebensogute Beobachtungsfähigkeit während des Opernbesuchs, wie auch eine differenzierte, detaillierte und offene Beurteilungsfähigkeit beim Gespräch im Unterricht. (Vgl. hierzu die Schüleräußerung S. 57.) Trotz der Differenziertheit der Schüler-Äußerungen lehnten die Schüler die Oper in der erlebten, also gegenwärtigen Erscheinungsform ab. Sie hatten wahrgenommen, daß das Publikum »wie Wesen vom anderen Stern« schien, unwirklich und realitätsfremd, daß die Leute hineingingen, weil die Oper im Abonnement drankam oder weil es nun mal dazu gehörte, und sie es sich leisten konnten, sowohl von der Zeit, als auch vom finanziellen Aufwand her. Es war ihnen bewußt geworden, daß diese Leute nicht repräsentativ sein konnten für die Mehrheit der Bevölkerung, be-

sonders nicht für die Unterschicht. Diese Kulturform mußten sie ablehnen, da sie nur bei wenigen ihrer bisherigen Sozialisation entsprach und nicht Ausdruck einer traditionellen Kulturform ihrer sozialen Schicht ist.
Durch die Äußerung der Schülerin während des Opernbesuchs »Schade für die Steuern!« war ein entscheidendes Problem angesprochen worden, nämlich die Tatsache, daß der finanzielle Aufwand, der mit der Oper betrieben wird, in keinem gerechtfertigten Verhältnis zum Gebrauchswert der Oper für die Bevölkerungsschicht steht, die durch Steuerzahlungen den Erhalt der Oper ermöglicht, aber keinen ihr adäquaten Kunstgenuß daraus ziehen kann.
Bei der Aufarbeitung von Szenerie und Bühnenbild zeigte sich bei den Schülern die Schwierigkeit, ein ganz neues Bühnenbild zu entwerfen, das auch der Handlung hätte entsprechen können. Eine Verbindung von zeichnerischen Elementen, die als »Bild« eine Wirkung haben sollten, und inhaltlich stimmigen Angaben für die schauspielerischen Elemente führte zu Problemen.
Die Probleme, die beim play-back aufgetaucht waren (Handlung muß aufgeschoben werden, bis die Musik zu Ende ist), waren ähnlicher Art. Die Synthese zweier oder mehrerer Künste (wie bei der Oper die 3 Künste: Musik, Sprache (das Dichterische) und das Schauspiel) brachte Probleme mit sich, auf die die Schüler gestoßen waren. Wir konnten aber mit ihnen diese der Oper innewohnende Problematik nicht aufarbeiten. Es mußte genügen, daß sie sich der Inszenierungsschwierigkeiten bewußt geworden waren.
Ungünstig war, die Schüler das erlebte Bühnenbild rekonstruieren zu lassen. Die Bedeutung des Kontextes von Handlung und Bühnenbild hätte vorher geklärt werden müssen. Ihre Phantasie wäre evtl. durch skizzenhaft aufgezeigte Wege und Möglichkeiten auf die Frage: »Wie muß sich das Bühnenbild verändern, wenn die Sänger von links oder von hinten erscheinen« oder durch Besprechungen anderer Inszenierungsbeispiele anzuregen gewesen.
So blieben, ebenso wie auch beim play-back, den Schülern die Inszenierungsmöglichkeiten fremd. In diesem Punkt konnten wir ihnen zu der Zeit wenig Unterstützung geben, da uns

- die theoretischen Kenntnisse um die Bedeutung des Bühnenbilds und dessen engen Zusammenhangs mit der schauspielerischen Darstellung selbst noch fehlten,
- es uns an den praktischen Kenntnissen der Perspektivlehre so sehr mangelte wie den Schülern und wir
- den Schülern nicht die Einsicht vermitteln konnten, warum sie überhaupt Bühnenbilder entwerfen sollten.

Die drei Schüler, die das Interview vor der Oper durchgeführt hatten, waren mit guten verwertbaren Ergebnissen zurückgekommen. Es zeigte sich, daß sie nicht nur mit viel Spaß und Elan die Aufgabe erledigt hatten, sondern auch mit großem Interesse und Geschick bei der Sache waren. Im Unterricht wirkte sich das stark motivierend auf die anderen Schüler aus. Beim Abhören der Kassetten konnten wir einen zunehmenden Bewußtwerdungsprozeß während des Interviews bei diesen drei Schülern feststellen. Z. B. ließen sie bei ihren Fragen oft

Schaubild zu 4.4.2

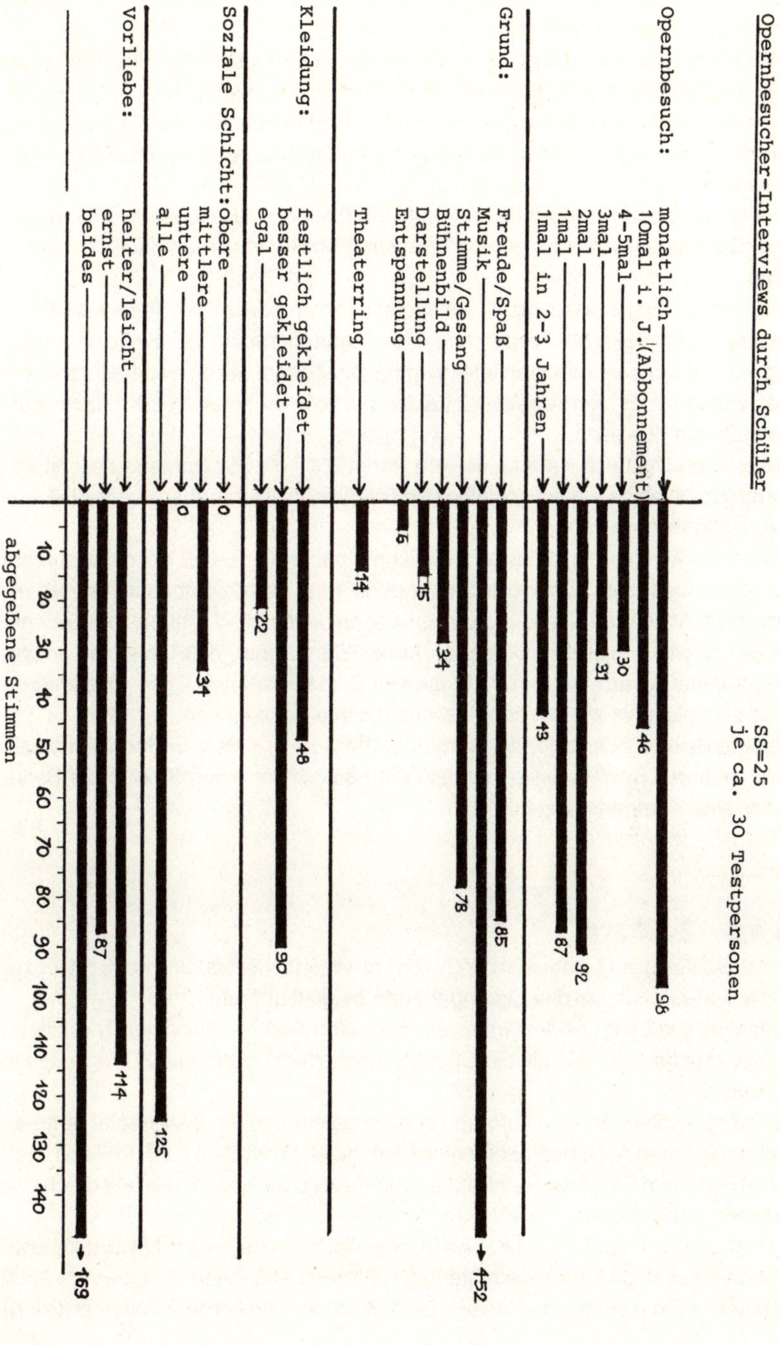

sofort die Kenntnisse miteinfließen, die sie aus den vorhergegangenen Antworten der Leute gewonnen hatten. So wurden im Laufe des Interviews die Fragen immer gezielter und differenzierter.
Das Lehrer-Schüler-Gespräch, nach der formalen Auswertung des Interviews auf den Rastern, verlief sehr lebhaft und unter Beteiligung vieler Schüler. Die drei Schüler konnten aufgrund ihrer detaillierten Beobachtungen, z. B. was die Kleidung der Leute anbetraf, dazu beitragen, das Gespräch an vielen Stellen zu intensivieren.
Der Unterschied von Kunstgenuß und Unterhaltung, das Konsumverhalten eines Opernpublikums und eines Popmusik-Publikums kamen dabei zur Sprache.
Eindeutige »Ergebnisse« bzw. Aussagen konnten aber in der Stunde nicht gemacht werden. Um der Frage nach dem Zusammenhang von Schichtzugehörigkeit und Konsumverhalten effektiver nachzugehen, wären weitere Interviews der Schüler z. B. von Arbeitern oder dem Publikum eines Pop-Konzerts aufschlußreich gewesen.
Günstig und hilfreich wäre an diesem Punkt auch die Zusammenarbeit mit anderen Kollegen gewesen, so daß diese Problematik fächerübergreifend behandelt hätte werden können.
Aus Antworten des interviewten Publikums geht hervor, daß bei der Mehrzahl der Opernbesucher keine Kriterien für den Grund des Opernbesuches vorhanden sind. Antworten wie »aus Spaß«, «wegen der Musik«, »gehört zum Leben«, »Oper ist etwas Herrliches«, geben Aufschluß darüber, daß Leute, die solche Argumente äußern, Kultur und in diesem Zusammenhang Oper konsumieren und dort nicht als Musik- oder als Kunstfachleute hingehen.
Es kritallisierte sich folgende Vermutung heraus: Aus dem Bedürfnis nach einem höheren Sozialprestige hat der Opernbesuch für einen Großteil der Besucher eine Kompensationsfunktion.

4.4.3 3. Phase

Eine Wende in der bisher fast durchweg kritischen Einschätzung der Schüler zur Oper trat ein, als sie das Operngebäude besichtigt hatten.
Der sinnliche Eindruck der Größe, der perfekten Technik, der vielen Tricks hatte sie so beeindruckt, daß sie die Oper als solche nicht mehr total in Frage stellen konnten.
Es war zu erkennen, daß aufgrund ihrer Begeisterung für das Erlebte, es ihnen schwerfiel, den Aufwand, der für eine Oper geleistet werden muß, in Relation zu setzen zu dem Ergebnis, nämlich der Aufführung, die sie selbst ja fast durchweg negativ erlebt hatten.
Der allgemeine Tonus war jetzt: na ja, allzuviel bräuchte es ja nicht zu sein, aber schön ist es doch. Der Blick hinter die Kulissen hatte ihnen die Oper wieder in besserem Licht erscheinen lassen. Sie entfernten sich von ihren eigenen Erfah-

rungen und den Erkenntnissen, die sie im Zusammenhang mit den Interviews bestätigt finden konnten, und ließen sich von den »Wundern der Technik« bzw. den technischen Möglichkeiten und der Perfektion so manipulieren, daß sie in ihrem Urteil umschwenkten. Für sie war die Oper gerechtfertigt, weil sie eine Kunstform ist. Daß »künstlerisch« gearbeitet wurde und alles getan wurde, um dieser Kunstform Effekt und Brillanz zu verleihen, hatten sie jetzt erlebt. Aber da sie sich nicht mit denen identifizieren konnten, die dafür arbeiteten, sondern nur schwärmerisch ihnen gegenüber eingestellt waren, bekam »Kunst« für sie wieder eine besondere Aura. Sie wurde auf ein Podest gestellt, zu der man aufsieht und sich selbst dabei zurückstellt.
Diese Wendung entsprach nicht ganz unseren Erwartungen, obwohl wir vorher keine Mutmaßungen über ihr anschließendes Urteil angestellt hatten. Wir selbst hatten ja das auch für uns faszinierende Erlebnis erst zu verarbeiten. Dennoch wurde uns anschließend klar, daß wir von den Schülern den gleichen Verarbeitungsprozeß erwartet haben, der bei uns stattgefunden hatte und eher zu der abschließenden Meinung geführt hätte: ist ja alles sehr schön und beeindrukkend, *aber* . . .! Ein kritisches »aber«, dem die Reflexion über das Verhältnis von Aufwand und dem künstlerischen Wert folgt und dem Sozialstatus derer, die in den Genuß dieses künstlerischen Wertes kommen, fehlte den Schülern, oder sie wagten es unter dem Eindruck des tags zuvor Erlebten, nicht zu äußern.

4.4.4. 4. Phase

Die Tendenz, die Oper in ihrer bestehenden Form nicht grundsätzlich abzulehnen, blieb auch bei der Beantwortung der Fragebogen erkennbar. Die Fragen waren bis auf einige wenige recht differenziert und offen beantwortet worden. Im ganzen gesehen zeigen die Antworten, daß die Schüler sich wirklich Gedanken gemacht und sie die Fragen nicht nur so abgehandelt hatten. Wenn sie sich auch nicht als Opernfans ausgaben, so tolerierten einige dennoch die Oper als Kunstform für einen kleinen Kreis der Bevölkerung und kamen sogar zu so rührend gönnerhaften Bemerkungen wie z. B.: »Die wollen ja auch mal Abwechslung erleben; zwar eine Minderheit, aber immerhin!« Andere äußerten sich kritischer. Allgemein aber wurde der Aufwand als zu hoch bezeichnet.
Die Antworten wollen wir jedoch nicht im einzelnen analysieren und auswerten. Vielmehr wollen wir es dem Leser überlassen, sich anhand der abgedruckten Antworten ein Bild von dem Stand der Schülermeinungen am Schluß der Unterrichtseinheit zu machen. (Siehe S. 78 ff. und Schaubild S. 84.)

4.5 Abschließende Reflexionen

Aus der bisherigen Darstellung des Unterrichtsvorhabens wurde ersichtlich, wie die Schüler konkret reagierten, wie die einzelnen Stunden »liefen«. Für den

Schaubild zu 4.4.4

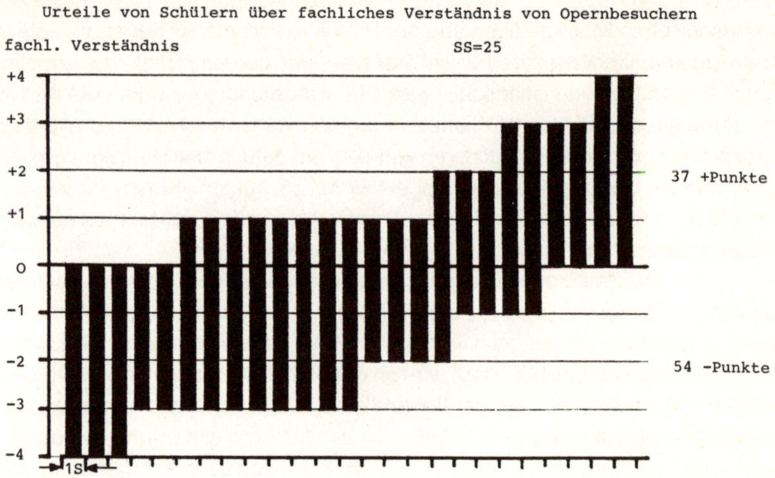

Pädagogen ist darüber hinaus allerdings von großem Interesse, was an Bleibendem bewirkt, welcher Beitrag zum weiteren Leben des Schülers geleistet wurde.

Betrachtet man die umfangreiche Literatur zur Einstellungs- und Verhaltensforschung, so ist allzugroßer Optimismus hinsichtlich des Einflusses von schulischem Unterricht auf das Verhalten nicht angebracht (vgl. z. B. *QUASTHOFF 1973, TRIANDIS 1975, VORWERG 1972).*

Für die Formulierung der Intentionen waren wir von der Vorstellung ausgegangen, daß im Bewußtsein der Schüler, ebenso wie bei uns, eine Vorstellung über die Oper als soziale Tatsache vorhanden war, die wir als Vorurteil einschätzten. Gleichgültig, wie nach Abschluß der Unterrichtseinheit die Wertung der Schüler auch sein würde, war uns klar, daß sie dann eine andere Basis erhalten hätte. Wie wir bereits sagten, haben wir die Schüler den Berufen der Eltern bzw. des Vaters entsprechend als Angehörige der unteren Mittelschichten – nach dem Einordnungsmodell, wie es bei *Kurt J. Huch* »Einübung in die Klassengesellschaft«, Frankfurt 1972, S. 103/104 beschrieben ist – zugeordnet. Dort werden Berufsgruppen wie z. B. Beamte der unteren Laufbahnen, Werkmeister, untere Angestellte zur »Unteren sozialen Mittelschicht 1« (UM 1) gerechnet. Zur »Unteren Mittelschicht 2« (UM 2) z. B. zählt der unselbständige Handwerker, Facharbeiter.

Bei Angehörigen dieser Schichten und auch bei deren Kindern herrscht ein »dichotomisches Weltbild« vor. Dieses Weltbild der Dichotomie entspringt der Vorstellung einer Gesellschaft von »oben« und »unten«, wobei die Angehörigen dieser Schicht sich als »unten« einstufen. Nach *Hedwig Ortmann* »Arbeiterfamilie und sozialer Aufstieg«, München 1972, S. 48, setzt sich dieses Weltbild »aus zwei Elementen zusammen: einem spezifischen Leistungsbewußtsein, das die Gruppe der körperlich Arbeitenden von allen anderen Gruppen deutlich abgrenzt und dem Kollektivbewußtsein als Anerkennung des gemeinsamen sozialen Schicksals der Gruppe.« Dieses Bewußtsein wird meist auch beibehalten, wenn die Betroffenen selbst nicht mehr körperliche Arbeit verrichten. Das Kollektivbewußtsein enthält zwar Elemente eines Klassenbewußtseins, jedoch führt es nicht zur Verfolgung kollektiver Ziele.

Ein weiteres Merkmal dieses Weltbildes ist z. B. auch seine Veränderung in dem Moment, wo auch nur ansatzweise das Bewußtsein erlangt wird, zu denen »oben« zu gehören. Dieses Teilhaben an den Möglichkeiten der oberen Schichten hat dann einen korrumpierenden Effekt und zwar insofern, als eine Distanz zu der eigenen Klasse eintritt. Deshalb kann man davon ausgehen, daß ein Arbeiter, der in die Oper geht, sich als etwas »Besseres« fühlt.

Diese Tendenz konnte vor allem bei einigen Mädchen beobachtet werden. Augenfällig wurde dies bei der Besichtigung des Opernhauses, insbesondere des Kostümfundus. Dort schien sich all das zu befinden, was für sie über triviale Romane zum Inbegriff von Glanz und Schönheit aufgebaut worden ist. Auch beim Besuch der Vorstellung waren diese Mädchen vor allem fasziniert von der Garderobe der Besucherinnen, sie konnten sich der – außerhalb des Ästhetischen liegenden – Aura einer Opernaufführung nicht entziehen, auch keine Distanz dazu aufbauen. Es ist durchaus vorstellbar, daß sich ein Teil dieser Mädchen später in jene soziale Gruppe von Opernbesuchern einordnen wird, für die der jährliche Besuch einer Opernaufführung zum über den Alltag erhebenden Ritual gehört.

Für die große Mehrheit der Schüler gilt dies jedoch nicht. Sie erfuhren Oper als etwas abgehobenes, von ihrem realen Leben weit entferntes, das ihnen keine Identifikationsmöglichkeit bietet. Dies zeigte sich sowohl bei den abschließenden Gesprächen als auch in deutlicher Weise beim Versuch der Rekonstruktion der 1. Szene. Es zeigte sich für die Schüler, daß ein Teil ihrer Vorurteile über Oper durch die Begegnung mit ihr nicht revidiert werden konnte, daß dieser vielmehr den Charakter von fundierten Urteilen annahm. Das erstaunliche am Gesamtergebnis ist jedoch die Differenziertheit der Konsequenzen, die die Schüler aus der Konfrontation mit der Oper zogen. Trotz der weiteren Ablehnung der Oper durch die Mehrheit der Schüler stellten sie ihre Existenz nicht in Frage, wollten nur die Auswüchse in der Subventionspolitik und der Gagenhöhe beseitigt wissen. Die hier von den Schülern gezeigte Toleranz gegenüber einer Kultur, die nicht die ihre ist, kann man sich gegenüber ihrer spezifischen Kultur vom typischen Opernbesucher nur wünschen.

In dem Rundgespräch, das in der Stunde nach dem Opernbesuch stattfand, sind alle Schüler in der Lage gewesen, auf die einzelnen Teilbereiche der Fragen differenziert einzugehen (s. P. 4).

Aufgrund verschiedener Reaktionen der Schüler vermuten wir jedoch, daß einige – speziell einige Mädchen – anders reagiert hätten, wenn sie nicht in der

Klassenatmosphäre befragt worden wären. Wahrscheinlich hatte ihnen die Atmosphäre in der Oper mehr imponiert als sie es zugaben. Vermutlich haben sie Publikumsbekleidung, die besondere Atmosphäre und das ganze Drum und Dran bejaht.
Daß einige Schüler das Erlebte und Gesehene besonders imponierend finden, und dabei Vorstellungen vom »Flair der großen Welt« entwickeln, wird durch die Trivialliteratur – wie z. B. BRAVO, Romanheftchen und dergleichen – die sie konsumieren, genährt. Um diesen Sachverhalt entsprechend zu berücksichtigen und aufzuarbeiten, hätten wir die einzelnen Sozialisationsvoraussetzungen der Schüler reflektieren müssen, um deren individuelle Veränderungen durch unseren Unterricht feststellen zu können. Darüber hinaus wäre es interessant gewesen, deren individuelle Sozialisationsbedingungen und Entwicklungen zu vergleichen.

5. Die Anschauungstafeln

Sie stellen gewissermaßen Begleitmaterial zur Unterrichtseinheit dar und dienen der (teilweisen) Visualisierung der in der Unterrichtseinheit behandelten Sachverhalte.

Tafel I: *»Oper als soziale Tatsache in unserer Gesellschaft«*
Der Titel der gesamten Unterrichtseinheit wurde auch für die 1. Tafel übernommen.
Diese Tafel soll die Funktion einer Einführung übernehmen wie sie z. B. der Einband für ein Buch hat.
Beschriftung: selbstklebende Folienbuchstaben in weiß, die sich von dem dunklen Hintergrund gut abheben.
Das Bild ist die fotografische Reproduktion einer Buchseite und ist der »Musikgeschichte in Bildern«, Band IV, Leipzig, entnommen. Es stellt eine »Szene aus ›Le Turce genéreux‹, Schönbrunn 1758« dar.
Es ist ein Kupferstich von Bernardo Belotto, genannt Caneletto. Sein Original hängt im Kupferstichkabinett in Dresden, Größe 470 × 630 mm.
Der Schwarzweiß-Abzug wurde mit Eiweißlasurfarbe eingefärbt. Dieser Braunton wurde in Anlehnung an frühe Fotografien gewählt.

Tafel II: *Die »Deutsche Oper Berlin«*
Diese Tafel soll am Beispiel des Berliner Hauses in der Bismarckstraße
- *Schülern die Möglichkeit geben, sich die Oper vorzustellen,*
- *den Eindruck vermitteln, daß dieses Haus seit längerer Zeit existiert (Bild von 1930). Die historische Aufnahme wurde in einen entsprechenden Rahmen gestellt.*
- *mit der Aufnahme aus der Vogelperspektive* [1] *die Gesamtanlage vorstellen.*
- *Bild 2 und Bild 3: Teile der Innenräume und deren moderne Ausstattung zeigen.*
- *Einblick in die technischen Einrichtungen geben. Bild 4 stellt die Unterkonstruktion der fahrbaren Drehbühne dar, die während des Wiederaufbaus aufgenommen worden ist.*
- *mit Bild 5 durch das Foto vom Wiederaufbau Anlaß geben, sich mit der Geschichte des Hauses zu beschäftigen. Dieses Foto soll gleichzeitig die Vorstellung von der Größe des Bühnenturms vermitteln.*
- *durch den Grundrißplan verdeutlichen, daß zur Oper mehr dazugehört als der Zuschauer sieht (s. auch Tafel III). Die Bereiche, die für den Zuschauer sichtbar werden, sind im Grundrißplan markiert worden.*

Die Fotografien stammen von der Landesbildstelle Berlin. Der Grundriß stammt aus der Broschüre »Deutsche Oper Berlin – Bericht über den Wiederaufbau«. Es handelt sich dabei um die Reproduktion des Bauplanes. Es wurden für diese

Zwecke alle Angaben und Daten über Niveau und dergleichen abgedeckt, um ihn übersichtlicher werden zu lassen.

Tafel III: *Was der Opernbesucher nicht sieht*
Hierdurch soll der Eindruck vermittelt werden, daß das Opernhaus aus mehr als Bühne, Zuschauerraum und Foyer besteht.
Diese Tafel soll gleichzeitig Einblick in die Tatsache geben, daß in der Oper in diversen Werkstätten viele Beschäftigte (ca. 1000) in unterschiedlichen Berufen arbeiten.
Ein Bild vom Kulissenmagazin ist mit aufgenommen worden, weil die Unterbringung der Kulissen viel Raum in Anspruch nimmt.
Das Bild 7 zeigt auf, daß zur Erhaltung des Spielbetriebes eine komplizierte Anlage vorhanden ist.
Die Fotos stammen von der Landesbildstelle Berlin. Der Grundriß ist ebenfalls eine Fotokopie der Reproduktion eines Bauplanes (siehe Tafel II). Für diese Tafel sind die für Zuschauer nicht sichtbaren Teile markiert worden.

Tafel IV: *Verteilung von Subventionen für Berliner Bühnen 1978*
Diese Tafel soll den Eindruck vermitteln, in welchem Verhältnis die Höhe der Subventionen von Musikbühnen zu anderen Bühnen in Berlin stehen.
Die Subventionen für die Oper betragen lt. Haushaltsplan für 1978 46 291 900,–DM.
Die anderen Zahlenangaben dieser Tafel stammen ebenfalls aus dem »Haushaltplan für das Land Berlin Rechnungsjahr 1978« Bd. 1. Einzelplan 17.
Über den Etat der übrigen städtischen Bühnen findet man dort auf S. 647 folgende Angaben:
Schloßparktheater, Schillertheater und Schillertheaterwerkstatt sind im Haushaltsplan zusammengefaßt, sie werden von dem selben Generalintendanten geleitet und haben einen gemeinsamen Etat. Er beträgt für 1978:

Einnahmen	**3 696 700.– DM**
Ausgaben	**25 490 000.– DM**
Fehlbetrag = *Höhe d. Subventionen*	**21 793 300.– DM**

Über die Höhe der Zuschüsse an Privattheater aus öffentlichen Mitteln konnten im Haushaltsplan keine detaillierten Angaben ermittelt werden, lediglich globale Angaben im Einzelplan 17, Haushaltsstelle 68 322 als »Zuschüsse an Privattheater für konsumtive Zwecke« in Höhe von 16 850 000.– DM für 1978. Durch telefonische Anfragen bei den Theatern und aus dem Buch »Berlin ABC« (Berlin und München 1969) wurde die Anzahl der Plätze der jeweiligen Theater zusammengetragen. Da keine weiteren Angaben zu finden waren, ist

davon auszugehen, die Höhe der Subventionen, die jedes Theater erhält, aufgrund der Anzahl der Sitzplätze zu berechnen. Es ist zu vermuten, daß die Zuschüsse anders gestaffelt sind, jedoch war darüber nichts zu ermitteln und es ist deshalb von der gleichmäßigen Verteilung pro Sitzplatz auszugehen.
In der 1. Grafik dieser Tafel, in der die Gesamtmenge der Subventionen für alle Berliner Theater durch eine Reproduktion eines Geldscheins symbolisiert ist, soll zum Ausdruck gebracht werden, daß

- *die »Deutsche Oper Berlin« mehr Subventionen erhält als alle anderen Berliner Bühnen zusammen.*
- *die anderen städtischen Bühnen, Schloßparktheater, Schillertheater und Schillertheater-Werkstatt mehr Mittel zur Verfügung haben als die anderen (privaten) Theater.*
- *die Subventionshöhe nach Sitzplatzverteilung sich errechnet.*

Die Aufteilung des Hundertmarkscheines steht im Verhältnis der Verteilung der Subventionen.
Bei der 2. Grafik dieser Tafel »Subventionen pro Sitzplatz« sind die vorgenannten Zahlen zugrunde gelegt worden und umgerechnet auf einen Sitzplatz des jeweiligen Theaters. Das Verhältnis, in dem diese Zahlen zueinander stehen, wird durch unterschiedlich hohe Münzrollen zum Ausdruck gebracht, die auf jeden der drei Theatersessel der Grafik verteilt sind.

Tafel V: *»Ausbreitung der Oper – Historische Opernbauten«*
Mit der Grafik der Landkarte Mitteleuropas soll die Ausbreitung der Oper seit ihrer Entstehung verdeutlicht werden.
Die Pfeile veranschaulichen den Einfluß, der jeweils von einer Musikbühne auf andere Städte bzw. Fürstenhäuser ausging.
Die angegebenen Jahreszahlen weisen auf die Gründung der ersten Opernbühne oder Operngruppe hin.
Die Angaben für diese Grafik sind dem Schulbuch »Musik aktuell«, Werner Breckoff u.a., Kassel 1971, Seite 138 entnommen worden.
Florenz, als Geburtsstätte der Oper, wurde durch eine rote Markierung hervorgehoben.
Diese Abbildungen sind gedacht, Schülern Anlaß zu bieten, sich mit der Sozialgeschichte der Oper und der Opernbauten zu beschäftigen.
Für diese Tafel wurden Bilder ausgewählt, auf denen auch Zeitgenossen bzw. Publikum zu sehen sind.

Das Bildmaterial zu Tafel V wurde entnommen:

Londoner Oper:	*Westermann Monatsmagazin*	*12/73*
	Braunschweig	
Pariser Oper:	*Westermann Monatsmagazin*	*5/73*
	Die Aufnahme entstand um 1900	
Venedig:	*Beide Abbildungen wurden entnommen aus*	
	Westermann Monatsmagazin	*7/73*

Hamburger Oper:	*Die Abbildung stellt das 1827 nach Entwürten von Schinkel entstandene Haus dar. Das Original des zeitgenössischen Stiches hängt im Museum für Hamburgische Geschichte.*	
	Westermann Monatshefte	*3/75*
Bayreuth:	*Beide Abbildungen sind entnommen:*	
	Westermann Monatshefte (farbig)	*7/74*
	Westermann Monatsmagazin	*4/73*

Tafel VI:

»Wandlungen in den Inszenierungsformen des Don Giovanni von 1787–1928« soll einen Überblick geben über die Inszenierungsformen des Don Giovanni mit den wichtigsten Daten und charakteristischsten Kennzeichen.
Diese Tafel faßt den Punkt 3.2. gleichsam zusammen und ermöglicht Schülern, die Entwicklung einer Oper durch verschiedene Epochen hindurch zu verfolgen. Sie können daraus erkennen, daß die Inszenierungsformen, die Bühnendekorationen und die Interpretation der Hauptfigur Don Giovannis stark von der jeweiligen Zeitepoche bestimmt wurden.
Mit entsprechenden Erläuterungen von Seiten der Lehrer können Parallelen gefunden werden zu anderen, ihnen schon bekannten kulturellen Erscheinungsformen aus den verschiedenen Epochen, sei es aus der Literatur, der bildenden Kunst oder der Architektur.
Die Übersicht, die hier am Beispiel Don Giovannis erstellt wurde, soll außerdem exemplarischen Charakter haben, denn jeder Inszenierungswandel einer Oper könnte mehr oder weniger ähnlich dargestellt werden und die charakteristischen Züge der Epochen erkennen lassen.
Die handschriftliche Ausarbeitung wurde gewählt, um den »Arbeitscharakter« bzw. die Übertragbarkeit (z. B. auf die Tafel) besser herauszustellen, wo Ergänzungen, Verbindungslinien etc. möglich und sogar wünschenswert sind.

Tafel VII:

Die Tafel »Bühnenbilder des Don Giovanni« gehört als Ergänzung zur Tafel VI, sowie auch zu dem Punkt 3.2.
Die Abbildungen wurden aus dem Buch von Christof Bitter (vgl. Anm. 35, S. 103) reproduziert und in der zeitlichen Reihenfolge angeordnet. Die Abbildungen Don Giovannis wurden auf der Tafel rechts unten zusammengestellt.

Tafel VIII:

Die Tafel »Aufbau einer Opernbühne« soll den Schülern einen optischen Eindruck von der Größenordnung der Opernbühnen und ihrer Wirkungsweisen geben.
Als Beispiel für den Aufbau einer Opernbühne wurde die Staatsoper in Dresden gewählt, weil in verschiedenen Büchern sich ergänzendes Bildmaterial, das immer diese Dresdner Bühne zeigt, gefunden wurde.

Der abgebildete Längsschnitt zeigt die Größenverhältnisse zwischen Zuschauer- und Bühnenraum. Der Theaterbesucher bekommt nur einen kleinen Ausschnitt der Spielbühne zu sehen und glaubt, daß der Zuschauerraum die größten Ausmaße haben müsse. Wenn die Schüler diesen Eindruck nicht bei einer Werkstättenbesichtigung selbst berichtigen können, so hilft diese Tafel, die Größenverhältnisse klarzumachen. Sie zeigt auch, daß technische Erfordernisse zu diesen Größenverhältnissen führen.
Der Querschnitt zeigt die seitlich verschiebbaren Unterbühnen. Die darunterbefindlichen Fotos zeigen die Wirkungsweise der Versenkbühnen in Dresden. Es handelt sich dabei um die zweite und dritte Szene aus »Rheingold«.
Entnommen aus: »Gestalten der Bühne« ca. 1934 o. A.
Kranich, G.: »Bühnentechnik der Gegenwart«, 1. Bd. München und Berlin 1929.

Tafel IX
»Bühnentechnik«
Der Aufbau der Tafel geht von dem Szenenbild aus »Rheingold«, Bayreuth 1876, aus. Es zeigt das Bühnenbild, so wie es der Zuschauer zu sehen bekam und wie es uns meistens überliefert wird – nur von vorne. Die dazu notwendige Technik aber wird selten erklärt.
Den Schülern soll hier anhand eines Beispiels die bühnentechnischen Voraussetzungen sichtbar gemacht werden, die für die schwebenden Sängerinnen und den hohen Felsen nötig waren. Der Blick hinter die Kulissen zeigt, wieviel Menschenkraft und technische Vorrichtungen gebraucht wurden, um dem Bühnenbild die gewünschten Effekte zu verleihen.
Die Aufnahmen zeigen die »Rheingold«-Schwimmapparate aus dem Jahre 1876. Das letzte Foto zeigt ein Flugwerk und ein Flugkorsett von ca. 1928. Bühnenarbeiter treten darauf nicht mehr in Erscheinung.
Die Fotos wurden entnommen aus:
Kranich, G.: »Bühnentechnik der Gegenwart«. 1. Bd., München, Berlin 1929 (Schwimmapparate und Flugkorsett).
Illustrierte Weltgeschichte des Theaters von Bamber Gascoigne, München – Wien, 1971 (Vorder-, Rück- und Seitenansicht).
In der genannten Literatur lassen sich weitere interessante Beispiele für die Bühnentechnik finden.

Tafel X:
Die Tafel »Zentralperspektive« stellt die erste Tafel einer Reihe dar, die weitergeführt werden könnte und die kunsthistorische Entwicklung des Bühnenbildes zum Inhalt hätte. Die Entwicklung der Stilphasen vollzog sich auch in den Bühnenbildern, in der gesamten Bühnenarchitektur, und könnte auch durch charakteristische Bühnenbilder aus den verschiedenen Stilepochen kenntlich gemacht werden. (vgl. dazu auch 3.2.)
Mit der Entdeckung der Zentralperspektive begann sich das Bühnenbild ent-

scheidend zu verändern; die Winkelperspektive ermöglichte weitere Veränderungen. Bedeutende Künstler, ja ganze Künstlerfamilien, wie z. B. die Familie der Galli-Bibiena, prägten einige Generationen lang entscheidend die Bühnenbilder in den europäischen Opernhäusern.
Die Tafel zeigt ein Bühnenbild von 1681, das Innere des Teatro Ducale, Turin, auf dem die Zentralperspektive auf einer Folie aufgezeichnet werden kann.
Der Grundriß der Schouwburg von Amsterdam gilt für 1665–1772. Die Stellung der Seitentafeln weist auf die perspektivische Anordnung hin. Bühne und Zuschauerraum ergänzen den Gesamteindruck dieses Theaters.
Zwei weitere Beispiele aus Ferrara, 1638 und Venedig, 1642 zeigen Bühnenbilder, die nach der Zentralperspektive aufgebaut wurden.
Die Kopien stammen aus: »Illustrierte Weltgeschichte des Theaters«, a.a.O.

Oper als soziale Tatsache in unserer Gesellschaft

Die Deutsche Oper Berlin

1

2

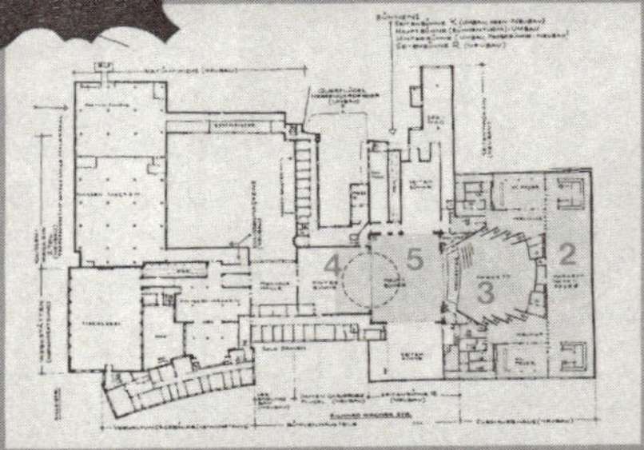

3

4

1 Luftaufnahme der Deutschen Oper Berlin nach Fertigstellung des Neubaus

2 Foyer mit Treppe

3 Parkett, 1. und 2. Rang

4 Teil des hinteren Bühnenraumes

5 Hauptbühne (Bühnenturm) während des Wiederaufbaus 1956 zum noch fehlenden Zuschauerraum hin geöffnet

5

Was der Opernbesucher nicht sieht

1

2

4

5

3

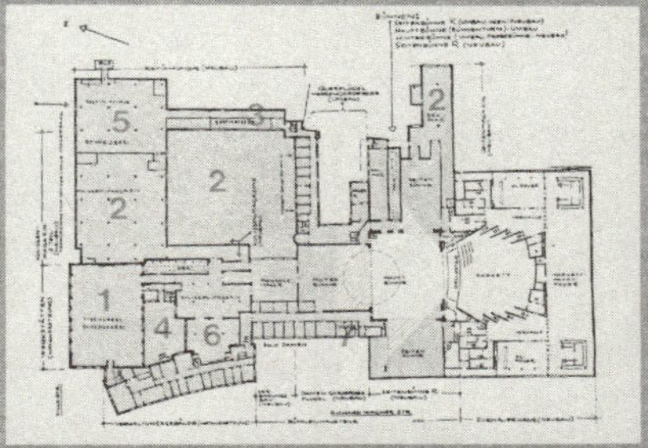

6

7

1 Schlosserwerkstatt
2 Teil des Kulissenmagazins
3 Rüst- und Waffenmeisterei (Requisitenkammer)

4 Bildhauer- und Kascheurwerkstatt
5 Kostümschneiderei
6 Schuhmacherwerkstatt
7 Elektrisch-akustische Steuerzentrale

Verteilung von Subventionen für Berliner Bühnen 1978
46 291 900,- DM
21 793 300,- DM
16 850 000,- DM
Subventionen im Jahr pro Sitzplatz
Deutsche Oper Berlin
Schloßparktheater
Schillertheater
und Werkstatt
Freie Volksbühne
Theater a. Kurfürstendamm
Hansatheater
Renaissance-Theater
Komödie
Schaubühne
Tribüne
Gripstheater
Rote Grütze u.a.

Ausbreitung der Oper — Historische Opernbauten

Londoner Oper: der Vorläufer der heutigen Oper 1732

Paris: unter Napoleon III geplant, in der Republik 1875 eröffnet

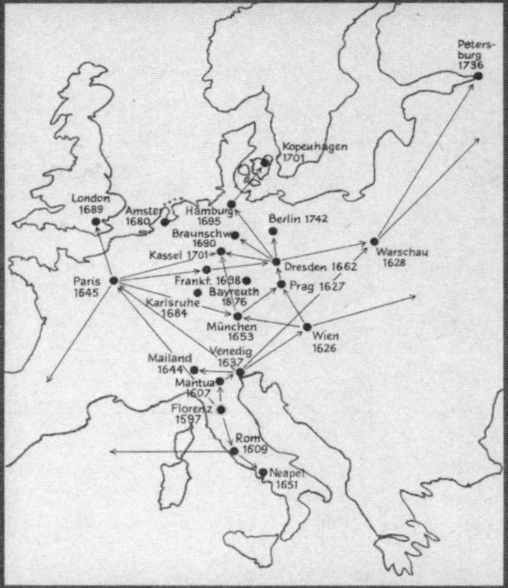

Hamburg: Das erste bürgerliche Musiktheater in Deutschland

Bayreuth: Wagners Festspielhaus 1876 erbaut

Venedig: Das erste öffentl. Musiktheater 1637

Venedig: Innenansicht des 1637 neu erbauten Hauses

WANDLUNGEN IN DEN INSZENIERUNGSFORMEN DES DON GIOVANNI VON 1787 – 1928

Epoche	Jahr	Stadt	Inszenierung	Don Giovanni – Don Juan	Art des musikalischen Theaters	Inszenierungsform	Bühnendekoration	Bühnenbildner	Interpretation Don Giovannis u. Donna Annas	Don-Giovannis Ende	Schluß-sextett	Wirkung auf Publikum
ausgehendes Rokoko Aufklärung	1787	Prag	Mozart	Don Giovanni "Il Dissoluto Punito o sia Il D.Giovanni"	dramma giocoso	heiter, lebendig, natürlicher Stil	barocker Einfluß noch spürbar, jedoch schon einfacher und natürlicher. Abb. 1 von 1791 ähnelt wahrscheinlich dem tatsächlichen Bühnenbild von 1787 sehr.	Platzer	Abb. 19 von Bassi ein aus der menschlichen u. göttlichen Ordnung ausschweifender, der eine ihm gewährte Frist zur Umkehr nicht nutzt u. dem Tode versucht zu trotzen. Don-G. verstößt gegen die menschl. u. göttl. Ordnung u. wird dafür bestraft.	steinerne Figur des Komturs erscheint vermutlich tödlicher Händedruck	ja	großer Erfolg
	1788	Wien	Mozart	Don Giovanni s.o.	dramma giocoso	in den ersten Szenen-ernstes Spiel in heiteren Szenen-possenhafte Elemente, Vergröberung	unterscheidet sich äußerlich wenig von der Prager Uraufführung	Platzer		Höllensturz	nein	kein Erfolg
	1788 (Übersetzungen von Neefe, 1789 Schmieder, 1790 Schröder) 1798	Mainz, Frankf.-Mannh., Hamburg, Berlin, Wien		"Don Juan, der bestrafte Wüstling" "Don Juan oder der steinerne Gast"	Ein Singspiel	derb-komische Züge stark moralisierend	realistische Darstellung Abb. 3 Abb. 4	Julius Quaglio Joseph Quaglio	verderbter, genußsüchtiger, sentimentaler Adliger, der das Volk prellt und betrügt ↓ Wüstling ↓ lasterhaft, verbrecherisch	Bestrafung für seine Taten, nicht für seine Starrheit - verschwindet im Höllenrachen - wird im Feuer verbrannt - wird von Teufeln geholt, in die Hölle gebracht u. verschwindet im Schlund eines Drachen	ja später nein	schlechte Kritiken, Lacherfolge bei den komischen Stellen
Romantik	1801 (Übersetzung v. Rochlitz)			Don Juan	romantische Oper 1800 – 1850 "Singdrama"	weniger Handlung mehr Gefühle Sänger, nicht mehr Schauspieler, da die Gestaltung der Gefühle durch Sänger besser ausgedrückt werden kann.	Verwendung von historischen Bühnenbildern, die dem romantischen Zeitgeschmack entgegenkamen Abb. 5 Abb. 6	Anton de Pians	Don Juan handelt unter dem Gesetz tragischer Notwendigkeit, er ist auf der rastlosen Suche nach Vereinigung mit dem Unendlichen. Ein tragischer Frevler, der nur durch eine Gegenkraft, das Gute, in der Gestalt Donna Annas, erlöst werden könnte. Tragische Schuld reduziert sich auf den Eigensinn des Helden	u. a.: feuerspeiender Berg ganzer Furienchor wird angehängt	nein	wenig beliebt
Wagner'sche Epoche	ab 1850 1869 – 1874 – bis 1895	Wien München		Don Juan	musikalisches Drama	Gefühlvolles wird zum Pathos → größere Orchester und größere Chöre werden nötig	massive, ausladende Bühnenbilder Abb. 8 Abb. 9 Abb. 10 Abb. 11	Carlo Brioschi Karl Gropius C. Brioschi	schwärmerisch-bekenntnishaft Don Juan wird zum Träger des Symbols der sinnlichen Welt. Donna Anna verkörpert die Überwindung der sinnlichen Welt durch eine geistige Welt Abb. 21	Don Juan's Ende = Symbol für den Untergang der sinnlichen Welt	nein	sehr beliebt
Jahrhundertwende	1896	München	Ernst von Possart	Don Giovanni	musikalisches Lustspiel	Streben nach historisch-getreuer Aufführung. Orchester wird zum Kammerensemble reduziert, Chor wird stark verkleinert, Streben nach Natürlichkeit, Spannung zwischen Tradition u. neuem Aufführungsstil	Rokokoatmosphäre durch Cuvillié-Theater in München		lüstern-galanter Abenteurer, kein 'Bösewicht' mehr	christliches Sündenmoment noch vorherrschend Haus stürzt ein	ja	Kritik wegen Spannung zwischen Tradition u. neuem Aufführungsstil u. mangelnder Technik
	1901					Sinnlichkeit kommt durch das Spiel Francisco d'Andrade zum Ausdruck Verherrlichung des Sinnlichen, des Erotischen			herrisches Selbstbewußtsein trotziger Lebensübermut Abb. 22 (Max Slevogt)		ja	beliebt
	1905	Wien	Gustav Mahler			durch den "Reliefcharakter" der Personen werden die Charaktere zum Mittelpunkt des Stücks durch musikalische Gestaltung tragisch, weil Mahler noch der Romantik verhaftet ist	Raumgestaltung mit plastischen Teilen und mit Licht Abb. 13 Abb. 14	Alfred Roller	Sinnenmensch positiver Held		nein	Kritik wegen des Widerspruchs zwischen historischen Elementen und neuen Versuchen
Expressionismus	1917	Leipzig	Ernst Lert (beeinflußt von Sören Kierkegaard)	Don Giovanni	Versuch eines "dramma giocosos"	Sinnlichkeit steht im Mittelpunkt der Darstellung, übersteigerte Emotionalität Streben nach Ausdruck	Übersteigerung im Bühnenbild, in den Farben, in den Bewegungen der Sänger Abb. 15	Ernst Lert/ Willy Münchhoff	dämonisch-sinnliche Leidenschaft übersteigerte Lebenslust bis zum Sinnenrausch	Donner- und Blitzschlag Schrei Don Giovannis über 3 Takte; Haus stürzt ein		
	1921						Linie, Farbe, Raum in rhythmischer Gestalt Abb. 16	Adolf Gliese 1921				
	1924	Dresden					überquellender Barock Abb. 17	Max Slevogt 1924				
	1923	Berlin			dramma giocoso	alles wird einer Wirrnis der Leidenschaft untergeordnet dämonisch – komische	Architektur und Vegetation werden ineinander übergeführt starke farbliche Effekte Abb. 18	Hans Poelzig (Architekt)	seine Tragik ist überdeckt von Witz, Ironie, Weltklugheit u. Zynismus – keine tragische Größe			
	1928	Berlin Kroll-Oper	Otto Klemperer	Don Giovanni		sinnlicher Überschwang weicht einer Härte und Glashaftigkeit	modernes "kaltes, klares Bild"					

Bühnenbilder des Don Giovanni
Josef Platzer
1
Leopold Peuckert, Prag 1791
2
Julius Quaglio, Mannheim 1789
3
Joseph Quaglio, München 1791
4
Anton de Pian, Wien 1810
5
Anton de Pian, Wien 1810
6
J.K. Jerst, Berlin
7
Karl Gropius, Berlin 1870
8
Carlo Brioschi, Wien 1869
9
Carlo Brioschi, Wien 1869
10
Karl Gropius, Berlin 1870
11
Eugen Quaglio, Berlin 1900
12
Alfred Roller, Wien 1905
13
Alfred Roller, Wien 1905
14
Ernst Lert/Willy Munch-Khe (o.J.)
15
Rochus Gliese, Entwurf 1921
16
Max Slevogt, Entwurf, Dresden 1924
17
Hans Poelzig, Entwurf, Berlin 1923
18
Don Giovanni 1787
19
Don Juan, um 1815
20
Don Juan
Don Juan, um 1855
21
Francisco D'Andrade
v. M. Slevogt, 1902
22

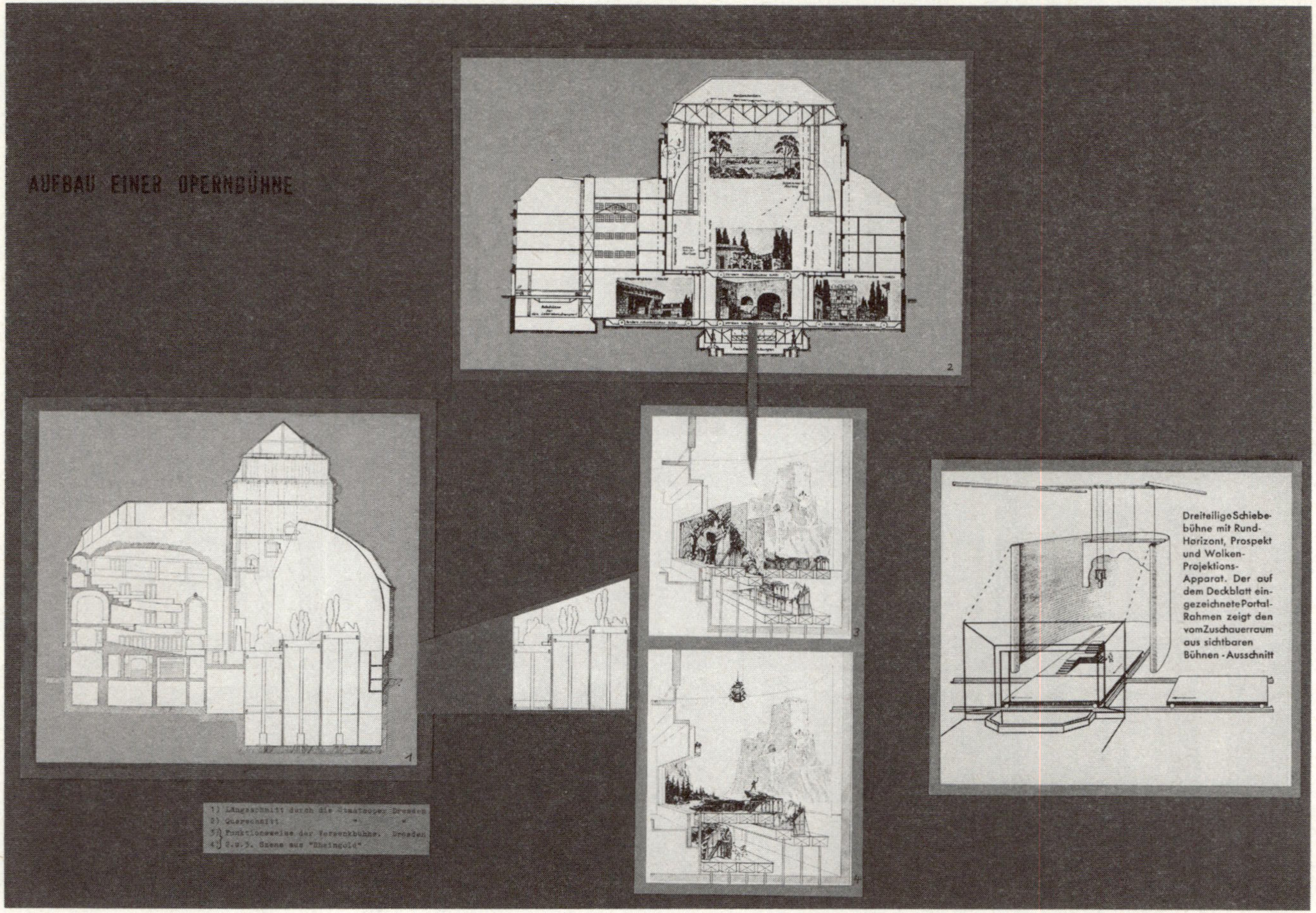
AUFBAU EINER OPERNBÜHNE
1) Längsschnitt durch die Staatsoper Dresden
2) Querschnitt " "
3) Funktionsweise der Versenkbühne. Dresden
4) 2.u.3. Szene aus "Rheingold"
Dreiteilige Schiebebühne mit Rund-Horizont, Prospekt und Wolken-Projektions-Apparat. Der auf dem Deckblatt eingezeichnete Portal-Rahmen zeigt den vom Zuschauerraum aus sichtbaren Bühnen-Ausschnitt

Beispiele aus "Rheingold"-Inszenierungen von Wagner 1876 und rechts unten 1923
BÜHNENTECHNIK

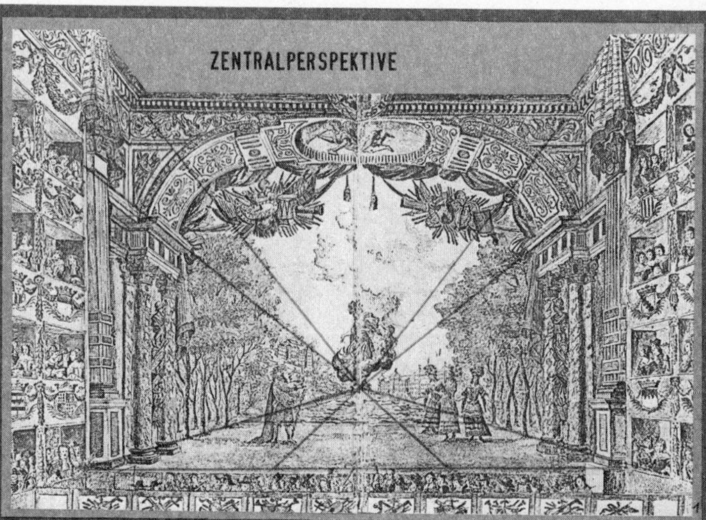

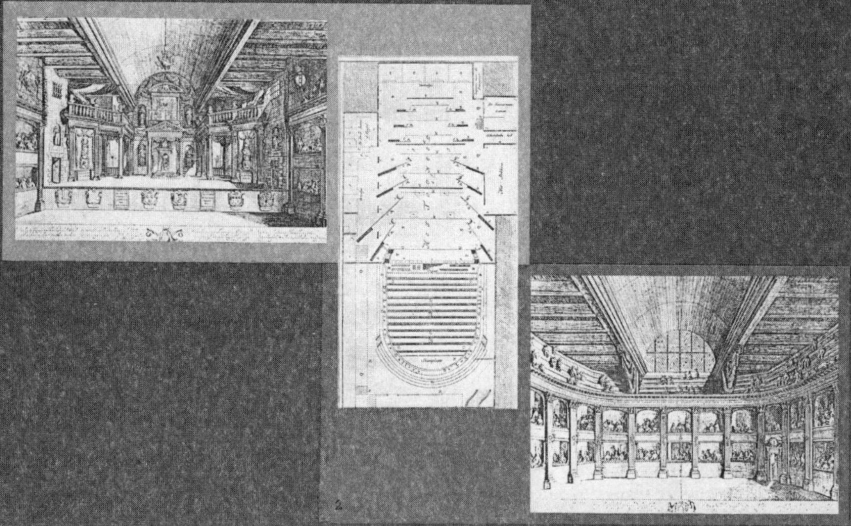

1) Gesamtansicht eines Bühnenbildes von 1681
2) Bühne und Zuschauerraum mit dem Grundriß der Schouwburg, Amsterdam v. 1665–1772
3) Beispiele für die Zentralperspektive Ferrara 1638 und Venedig 1642

Anmerkungen

1 Vgl. *D. Zimmerschied,* Beat-Background-Beethoven, Frankfurt 1971, S. 23; W. Pape, Musikkonsum und Musikunterricht, Düsseldorf 1974, S. 18; D. Wiechell, Musikalisches Verhalten Jugendlicher, Frankfurt 1977, S. 86
2 *W. D. Lugert,* Grundriß einer neuen Musikdidaktik, Stuttgart 1975, S. 55
3 Vgl. hierzu *H. v. Hentig,* Ästhetische Erziehung im politischen Zeitalter, in: Spielraum und Ernstfall, Stuttgart 1960; ders., Das Leben mit der Aisthesis, in: Lernziele der Gesamtschule, Stuttgart 1969
und: *G. Otto,* Didaktik der Ästhetischen Erziehung, bes. S. 17 ff
4 Vgl. z. B. *Hegels* Kunstauffassung in seiner »Ästhetik«
5 *Arnold Hauser*, Sozialgeschichte der Kunst und Literatur, S. 594, München 1973, vgl. auch *Balet/Gerhard* 1972 und *Rebling* 1935
6 Ebd., S. 597
7 Philosophisches Wörterbuch, S. 962/3, Berlin 1972
8 *Arnold Hauser,* Sozialgeschichte der Kunst und Literatur, S. 859, München 1973
9 *Richard Hamann/Jost Hermand,* Naturalismus, S. 12, Akademie-Verlag, Berlin 1968
10 Ebd., S. 13
11 Ebd., S. 288
12 *Hartmut Zelinsky,* Richard Wagner – ein deutsches Thema, Frankfurt 1976, Zitat von *Carl v. Ossietzky* über *Richard Wagner,* S. 209
13 Ausstellungskatalog »Weimarer Republik«, S. 524
14 Nach *Kurt J. Huch,* Einübung in die Klassengesellschaft, S. 103/104, Frankfurt 1972
15 Ebd., S. 104
16 *Arnold Hauser,* Soziologie der Kunst, S. 597, München 1974
17 *Wulf Dieter Lugert,* Grundriß einer neuen Musikdidaktik, S. 44, Stuttgart 1975
18 *Theodor W. Adorno,* Philosophie der Neuen Musik, S. 7, Frankfurt 1958
19 Vgl. *Th. W. Adorno,* Einleitung in die Musiksoziologie, Reinbeck 1968, S. 12 ff
20 Ebd., S. 17
21 Ebd., S. 19
22 *Arnold Hauser,* Soziologie der Kunst, S. 596/7, München 1974
23 Der Spiegel, 1968, Heft 9, S. 124
24 *Julius Kapp,* 200 Jahre Staatsoper Berlin im Bild, Berlin 1942
25 Haushaltsplan für das Land Berlin, Rechnungsjahr 1978, Band I, Einzelplan 17, Kulturelle Angelegenheiten, Teilplan Hauptverwaltung
26 Haushaltsplan für das Land Berlin, Rechnungsjahr 1978, Band 1, Einzelplan 17, Kulturelle Angelegenheiten, S. 639
27 Vgl. hierzu besonders das Raster der Tafel VI: »Wandlungen in den Inszenierungsformen des Don Giovanni von 1787–1928«
28 *Vogel, W.:* Beobachtungen in und über Prag von einem reisenden Ausländer. Prag 1787. 1. Bdchen, S. 131, in: *Bitter, Ch.:* Wandlungen in den Inszenierungsformen des »Don Giovanni« von 1787 bis 1928. Regensburg 1961
29 *Döbler, H.:* Kultur- und Sittengeschichte der Welt. München o. J., S. 220
30 *Döbler,* a. a. O., S. 217
31 *Morus:* Eine Weltgeschichte der Sexualität. Reinbek bei Hamburg 1956, S. 178
32 Vgl. dazu: Punkt 4.4.2, S. 89 ff.
33 *Rennert, G.:* Opernarbeit, Inszenierungen 1963–1973. München 1971, S. 239
34 *Rennert,* a. a. O., S. 247
35 *Bitter, Ch.:* Wandlungen in den Inszenierungsformen des »Don Giovanni« von 1787 bis 1928. Regensburg 1961, S. 35. Vgl. dazu: Tafel VII, Abb. 19
36 Vgl. dazu: Tafel VII, Abb. 1 und 2
37 *Bitter, a. a. O., S. 15 f*

38 Aus dem Programmheft der Deutschen Oper Berlin
39 *Kruse, G. R.* (Hrsg.): W. A. Mozart, Don Juan. Reclam, Leipzig o. J., S. 5
40 *Bitter,* a. a. O., S. 56
41 *Zentner, W.* (Hrsg.): Wolfgang Amadeus Mozart, Don Giovanni. Reclam, Stuttgart 1975, S. 6
42 Vgl. hierzu: *Hauser, A.:* Sozialgeschichte der Kunst und Literatur. München 1953, S. 600
43 *Bitter,* a. a. O., S. 80
44 *Bitter,* a. a. O., S. 82 f
45 *Hauser,* a. a. O., S. 601
46 *Bitter,* a. a. O., S. 97
47 *Bitter,* a. a. O., S. 91
48 Ebd.
49 *Hauser,* a. a. O., S. 608
50 *Bitter,* a. a. O., S. 90
51 Ebd.
52 *Bitter,* a. a. O., S. 106
53 Ebd.
54 Vgl. dazu: Tafel VII, Abb. 21
55 *Bitter,* a. a. O., S. 108
56 *Bitter,* a. a. O., S. 109
57 Vgl. dazu: Tafel VII, Abb. 9
58 *Bitter,* a. a. O., S. 109
59 *Bitter,* a. a. O., S. 111
60 *Bitter,* a. a. O., S. 107
61 Erschienen in einem vierbändigen Werk von *Otto Jahn* 1856–59 in Leipzig
62 *Possart von, E.:* Über die Neueinstudierung und Neuinszenierung des Mozartschen Don Giovanni auf dem kgl. Residenztheater zu München. München 1896, in: *Bitter,* a. a. O., S. 127
63 *Bitter,* a. a. O., S. 119
64 Ebd.
65 *Bitter,* a. a. O., S. 120
66 *Bitter,* a. a. O., S. 122
67 *Bitter,* a. a. O., S. 123
68 Ebd.
69 *Bitter,* a. a. O., S. 125. Vgl. dazu: Tafel VII, Abb. 13 und 14
70 *Lert, E.:* Mozart. S. 395, in: *Bitter,* a. a. O., S. 136, Anm. 8
71 *Bitter,* a. a. O., S. 130
72 Vgl. dazu: Tafel VII, Abb. 15
73 *Bitter,* a. a. O., S. 131
74 *Hörth, F. L.:* Zur Neueinstudierung des »Don Giovanni«. In: Blätter der Staatsoper. Berlin 1923/2. In: *Bitter,* a. a. O., S. 132, Anm. 17
75 *Bitter,* a. a. O., S. 133
76 Ebd.
77 *Hauser,* a. a. O., S. 751
78 Dazu kommt als neuer Faktor die Institution Schule mit ihren spezifischen Bedingungen hinzu. Das didaktische Resultat aus den Überlegungen 1 bis 3 kann hierbei in Widerspruch geraten zu den didaktischen Formen und Möglichkeiten, die durch die Institution Schule und durch die von dieser partiell unabhängigen Verhaltensweisen der Jugendlichen gesetzt sind. In der Regel geht leider Didaktik primär von diesen Faktoren und nicht von den inhaltlichen Bestimmungen aus.
79 Das Gespräch wurde auf Kassette aufgenommen und hier wörtlich wiedergegeben.

Verwendete und weiterführende Literatur

Adorno, Theodor W., Einleitung in die Musiksoziologie, Hamburg 1968
Adorno, Theodor W., Philosophie der Neuen Musik, Frankfurt 1958
Aries, Philippe, Geschichte der Kindheit, München, Wien 1975

Balet, L./Gerhard, E., Die Verbürgerlichung der deutschen Kunst, Literatur und Musik im 18. Jahrhundert, Nachdruck Frankfurt 1972
Baur-Heinhold, Margarete, Theater des Barock, Festliches Bühnenspiel im 17. und 18. Jahrhundert, München 1966
Bie, Oskar: Die Oper, Berlin 1913
Bitter, Christof, Wandlungen in den Inszenierungsformen des »Don Giovanni« von 1787 bis 1928. Forschungsbeiträge zur Musikwissenschaft, Band X. Regensburg 1961

Conrad, Leopold, Mozarts Dramaturgie der Oper. Würzburg: Konrad Triltsch Verlag 1943
Curjel, Hans, Experiment Krolloper, 1927–1931. Aus dem Nachlaß hrsg. von Eigel Kruttge, München 1975

Denkmäler des Theaters. Inszenierung, Dekoration, Kostüm des Theaters und der großen Feste aller Zeiten. Nach Originalen der Theatersammlung der Nationalbibliothek, der Albertina und verwandter Sammlungen. Herausgegeben von der Direktion der Nationalbibliothek. . . Wien. Band 1–12, München 1924–30
Deutsche Theater Ausstellung Magdeburg 1927. Amtlicher Katalog. Hrsg. von der Mitteldeutschen Ausstellungs-Gesellschaft. . . Magdeburg 1927
Döbler, H., Kultur- und Sittengeschichte der Welt. Eros, Sexus, Sitte. Lizenzausgabe mit Genehmigung der Verlagsgruppe Bertelsmann GmbH, Lizenz auch für Deutsche Buch-Gemeinschaft 1971
Don Giovanni. Die Opernlegende vom Don Juan, dem Versucher und Sucher. Wien, Leipzig, Zürich 1938

Emmerich, Wolfgang, Zur Kritik der Volkstumsideologie, Frankfurt 1971

Farnsworth, Paul R., Sozialpsychologie der Musik, Stuttgart 1976

Gascoigne, Bamber, Illustrierte Weltgeschichte des Theaters, München, Wien 1971
Gestalten der Bühne (Sammelwerk), Dresden (um 1935)
Grans, Heinrich, Die Wunder der Bühne, 2. Ausgabe Leipzig, o. J.
Green, Martin, Else und Frieda, die Richthofenschwestern, Kempten 1976
Gregor, Joseph, Kulturgeschichte der Oper. Ihre Verbindung mit dem Leben, den Werken des Geistes und der Politik. Wien 1941
Gregor, Joseph, Weltgeschichte des Theaters. Zürich 1933

Haas, Dr., Robert, Die Musik des Barock. Potsdam 1929
Haas, Dr., Robert, Wolfgang Amadeus Mozart. Potsdam 1933
Hamann, R. Hermand, J., Gründerzeit, München 1974
Hamann, R. Hermand, J., Naturalismus, Berlin 1968
Hamann, R. Hermand, J., Stilkunst um 1900, München 1973
Hamann, R. Hermand, J., Expressionismus, Frankfurt 1977
Hamann, R. Hermand, J., Impressionismus, Frankfurt 1977
Hauser, Arnold, Sozialgeschichte der Kunst und Literatur, München 1973
Hauser, Arnold, Kunst und Gesellschaft. München 1973
Hauser, Arnold, Soziologie der Kunst, München 1974
Huch, Kurt J., Einübung in die Klassengesellschaft, Frankfurt 1972

Jouve, Pierre Jean, Décor de Don Juan, Genf 1952

Kapp, Julius, 200 Jahre Staatsoper Berlin im Bild, Berlin 1942
Kindermann, Heinz, Theatergeschichte Europas. 5 Bände, Salzburg, Otto Müller 1957–62
Klaus, Georg/Buhr, Manfred (Hrsg.), Philosophisches Wörterbuch, 2 Bände, Berlin 1972
Kloiber, Rudolf, Handbuch der Oper, Bde. I und II, München 1973
Kranich, Friedrich, Bühnentechnik der Gegenwart. Band 1 und 2, München und Berlin 1929–1933
Krause, Ernst, Die großen Opernbühnen Europas. Kassel 1966
Kunstamt Kreuzberg Berlin und Institut für Theaterwissenschaft der Universität Köln (Hrgb.), Weimarer Republik, Ausstellungskatalog, Berlin 1977
Kutscher, Artur, Das Salzburger Barocktheater. Wien, Leipzig, München 1924

Lexikon der Kunst, Bde. I–IV, Leipzig 1968, 1975, 1976, 1977
Löhle, Franz, Theater-Catechismus oder humoristische Erläuterung verschiedener vorzüglich im Bühnenleben üblicher Fremdwörter. München 1845
Lugert, Wulf Dieter, Grundriß einer neuen Musikdidaktik, Stuttgart 1974

Morus, Eine Weltgeschichte der Sexualität. Reinbek bei Hamburg 1956
Musik im Dritten Reich. Eine Dokumentation von Joseph Wulf. Gütersloh 1963
Musikgeschichte in Bildern. Hrsg. von Heinrich Besseler und Max Schneider, Bd. 1–3, Leipzig ca. 1969–73

Ortmann, Hedwig, Arbeiterfamilie und sozialer Aufstieg, München 1972

Panofsky, Walter, Protest der Oper. Das provokative Musiktheater der zwanziger Jahre. München 1966
da Ponte, Lorenzo, Mein abenteuerliches Leben. Die Memoiren des Mozart-Librettisten, Rowohlts Klassiker 1960

Quasthoff, Uta, Soziales Vorurteil und Kommunikation, Frankfurt 1973

Rebling, E., Die soziologischen Grundlagen der Stilwandlung der Musik in Deutschland um die Mitte des 18. Jahrhunderts, Saalfeld 1935
Rennert, Günther, Opernarbeit. Inszenierungen 1963–1973, München 1974

Schidrowith, Leo, Sittengeschichte des Theaters. Eine Darstellung des Theaters, seiner Entwicklung und Stellung in zwei Jahrtausenden. Wien, Leipzig 1925
Schmidt-Brunner, W., »Don Giovanni«, Materialien zu einer Unterrichtssequenz für die SII; in: Musik und Bildung 1/80
Schuberth, Ottmar, Das Bühnenbild. Geschichte, Gestalt, Technik. München, o. J.

Theaterwissenschaftliche Blätter. Fachorgan für die Wissenschaft, Kunst, Technik und Kultur des Theaters. Hrsg.: Bruno Th. Satori-Neumann und Walther Norbert. Heft 1–6. Berlin, Besano-Verl. Ges. 1925
Tintelnot, Hans, Barocktheater und barocke Kunst. Die Entwicklungsgeschichte der Fest- und Theater-Dekoration in ihrem Verhältnis zur Barocken Kunst. Berlin 1939
Triandis, H. C., Einstellungen und Einstellungsänderungen, Weinheim und Basel 1975

Vorwerg, M. (Hrsg.), Psychologische Probleme der Einstellungs- und Verhaltensänderung, Berlin 1972

Widmann, Wilhelm, Theater und Revolution. Ihre gegenseitigen Beziehungen und Wirkungen im achtzehnten, neunzehnten und zwanzigsten Jahrhundert. Berlin 1920
Wulf, Joseph, Theater und Film im Dritten Reich, Gütersloh 1964
Wulf, Joseph, Musik im Dritten Reich, Gütersloh 1963

Zabel, Eugen, Moderne Bühnenkunst. Bielefeld 1911
Zelinsky, Hartmut, Richard Wagner, ein deutsches Thema, Frankfurt 1976
Zielske, Harald, Handlungsart und Bühnenbild im 17. Jahrhundert. Untersuchungen zur Raumdarstellung im europäischen Barocktheater. München 1965
Zielske, Harald, Deutsche Theaterbauten bis zum zweiten Weltkrieg. Typologisch-historische Dokumentation einer Baugattung. Berlin 1971
Zielske, Harald (Hrsg.), Bühnenformen, Bühnenräume, Bühnendekorationen. Berlin 1974